자격증 교육 1위 해커스
주간동아 선정 2022 올해의 교육브랜드 파워 온·오프라인 자격증 부문 1위 해커스

해커스 스포츠지도사
동영상 강의
100% 무료!

지금 바로 시청하고
단기 합격하기 ▶

▲ 무료강의 바로가기

스포츠 전문자격 6관왕
안승기 선생님

스포츠지도사
현장실습기관 원장

전 강좌 10% 할인쿠폰

K628 B853 K858 4000

*등록 후 3일 사용 가능

▲ 쿠폰 바로 등록하기
(로그인 필요)

이용방법

해커스자격증 접속 후 로그인 ▶ 우측 퀵메뉴의 [쿠폰/수강권 등록] 클릭 ▶
[나의 쿠폰] 화면에서 [쿠폰/수강권 등록] 클릭 ▶
쿠폰 번호 입력 후 등록 및 즉시 사용 가능

실기 전 강좌 3일 무료 수강권

03K 5B85 7K0K F4000

*등록 후 3일 사용 가능

▲ 쿠폰 바로 등록하기
(로그인 필요)

이용방법

해커스자격증 접속 후 로그인 ▶ 우측 퀵메뉴의 [쿠폰/수강권 등록] 클릭 ▶
[나의 쿠폰] 화면에서 [쿠폰/수강권 등록] 클릭 ▶
쿠폰 번호 입력 후 등록 및 [나의 강의실 - 일반 강좌] 탭에서 즉시 수강 가능

해커스 핵심 커리큘럼만 있으면
누구나 한 번에 합격!
해커스가 제안하는 합격 플랜

필기

이론+문제풀이 ▶ 핵심요약정리 ▶ 기출+해설강의

실기

교재+강의 학습 ▶ 빈출동작 정리 ▶ 실기+구술 연습

커리큘럼 자세히 보기 ▶
pass.Hackers.com

해커스
스포츠지도사
수영 실기+구술
초단기 5일 합격

해커스

CONTENTS

Part 01 | 생활체육 지도사

Chapter 01	생활체육의 역할과 기능	14
Chapter 02	수영의 역사와 발전	20
Chapter 03	수영의 세부 종목	30
Chapter 04	수영 지도방법 및 안전수칙	40
Chapter 05	월드 아쿠아틱스(World Aquatics) 와 규정	50

Part 02 | 수영 실기 및 구술평가 기준

| Chapter 01 | 실기평가 | 62 |
| Chapter 02 | 구술평가 | 66 |

Part 03 | 수영 실기 준비

Chapter 01   경영 영법 준비   70
Chapter 02   실전 실기 준비   78

Part 04 | 구술 기출문제(2024~2018)

구술 기출문제(2024~2018)   92

부록 | 수영 전문 용어

무료 특강·학습 콘텐츠 제공
pass.Hackers.com

이 책의 구성과 특징

Chapter 05 월드 아쿠아틱스(World Aquatics)와 규정

1 '월드 아쿠아틱스(World Aquatics)'란?

(1) 국제수영연맹이 'FINA'에서 '월드 아쿠아틱스(World Aquatics)'로 개칭한 것으로, FINA는 지난 2022년 12월 12일 호주 멜버른에서 임시총회를 열고 2023년 1월 1일부로 모든 수상 스포츠를 의미하는 '아쿠아틱스'를 정식 명칭에 적용하기로 함. 이에 따라 1908년 창립 당시 프랑스어로 붙여진 FINA(Federation International de Natacion)는 115년 만에 새로운 브랜드로 바뀌게 됨

(2) 경영, 다이빙, 하이다이빙, 아티스틱 스위밍, 수구, 바다수영(Open Water Swimming) 등 6개 수영 종목을 주관하는 국제 경기단체. 소재지는 스위스 로잔에 위치

(3) 1908년 7월 19일 런던 올림픽 때 설립, 그 목적으로는 수영의 보급과 발전 및 국제 유대 강화. 주요 업무로서는 올림픽경기, 세계선수권대회, 아시안게임 수영 종목 부문을 운영하는 것. 올림픽은 4년에 한 번씩 개최하며 세계 선수권대회는 1973년 제1회 대회가 개최되었고 그 후 2년마다 올림픽 중간 해에 열림

2 월드 아쿠아틱스(World Aquatics) 공식 규정

1. 국제 수영장 규격

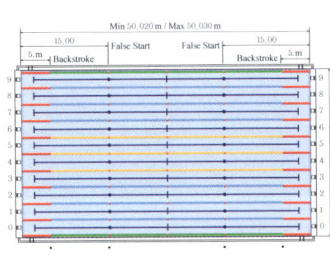

구분		특급	1급	2급	3급
규격	길이	50m	50m	50m	50m 또는 25m
	넓이	고정수영장 25m 임시수영장 26m	25m	좌동	16~25m, 12~25m
	수심	3m 이상	2m 이상 ~ 3m 이하	1.8m 이상	1.35m 이상
	레인	10레인	좌동	8레인 이상	-
	수온	25~28℃	좌동	좌동	좌동
	조명	수영장 위 조명강도 1,500 lux 이상	좌동	스타트대 조명강도 600 lux 이상	좌동

* 길이 50미터 / 폭 25미터 / 깊이 2~3미터 / 총 8레인 이상 / 레인 폭 2.5미터 1~8레인 밖으로 0.5미터 간격 유지
< fina 공식 규격 수영장 / 수영장 시설 규격 세부사항 >

체계적인 이론정리

스포츠지도사 수영 실기 시험 대비를 위한 필수이론을 체계적으로 정리하여 구성하였습니다. 이를 통해 실제 시험에 대비한 효과적인 학습을 할 수 있습니다.

해커스 **스포츠지도사 수영** 실기+구술 초단기 5일 합격

Chapter 01 경영 영법 준비

해커스 **스포츠지도사 수영** 실기+구술 5일 완성

1 개인혼영(individual medley)

(1) 생활, 유아, 노인체육 지도사 자격증 실기시험 시 치루는 종목
(2) 실기시험으로는 개인혼영 100m를 실시하며 접영, 배영, 평영, 자유형의 순으로 각 종목당 25m씩 실시(전문은 4종목 중 택2, 한 종목당 50m씩 진행). 개인혼영은 4종목당 정확한 페이스(각 종목당 기록)를 맞추는 연습을 하는 것이 매우 중요

<접영>

<배영>

실기 동작 설명

수영 실기 동작에 대한 상세한 설명과 직관적으로 알 수 있는 사진 자료를 통해 올바르고 효과적인 실기시험 대비가 가능합니다.

구술 기출문제(2024~2018)

01 생활체육이란? ★★

정답분석 생활체육은 일상생활에서 접할 수 있는 모든 신체활동으로, 개인 또는 단체가 더 나은 삶을 영위하기 위해 가정, 직장, 지역사회 등을 중심으로 자발적으로 참가하는 스포츠 활동을 의미한다.
- 인간 삶의 질 향상을 위해 연령대 기준으로 유아체육, 아동, 청소년, 성인 전·후기, 노인체육 영역, 장소 기준으로 가정, 직장, 지역사회 및 상업시설 등을 중심으로 이루어지는 모든 체육활동을 말한다.
- 건강과 체력증진을 위한 자발적이고 일상적인 체육활동으로, 경기스포츠에서부터 대중스포츠까지 넓은 범위를 포함한다.
(목적: 신체활동의 부족, 자기표현의 기회 상실, 인간관계 등과 관련하여 신체활동을 통하여 체력을 단련하고 생활에 활력을 가져 보다 밝고 풍요한 생활을 영위하는 데 있다).

02 생활체육의 필요성에 대하여 설명하시오. ★★

정답분석 생활체육은 인간의 여가 활동 수단으로, 건전한 사회풍토 조성, 스트레스 및 우울증 해소, 공동체 의식 강화, 국민건강 유지에 이바지할 수 있다.
- 생활체육은 인간의 여가 시간을 건설적, 교육적으로 선용하는 기회를 제공하며 건전한 사회 풍토 조성에 기여한다 (여가 활동 수단).
- 생활체육은 현대사회의 각종 병리 현상으로 인하여 발생하는 스트레스(걱정, 갈등, 열등감, 죄의식, 우울증) 및 공격성 해소에 기여한다(스트레스, 우울증 해소).
- 생활체육은 팀워크, 공동체 의식 강화, 사회적 결속 등을 통하여 원만한 사회생활 영위에 기여한다(공동체 의식 강화).

구술 기출문제

2024년~2018년의 7개년간 출제된 구술 기출문제를 수록하였습니다. 이를 통해 출제경향을 파악하고, 실제 시험을 효율적으로 준비할 수 있습니다.

빈출 중요도 표시

시험에서 자주 등장하는 개념들을 '빈출 중요도'에 따라 ★ ~ ★★★로 표시하였습니다. 이를 통해 효율적 학습과 전략적 준비가 가능합니다.

이 책의 구성과 특징

수영 응시 알아보기

※ 보다 자세한 사항은 국민체육진흥공단 체육지도자연수원에서 확인하실 수 있습니다.

■ 응시일시

구분	원서접수	시험일	합격자 발표
2급 생활 스포츠지도사, 장애인 · 유소년 · 노인 스포츠지도사 필기	2025.03.27 09:00 (목) ~ 2025.03.31 18:00 (월)	2025.04.26 (토)	2025.05.16 16:00 (금)
2급 전문 스포츠지도사 필기	2025.03.20 09:00 (목) ~ 2025.03.24 18:00 (월)	2025.04.26 (토)	2025.05.16 16:00 (금)
실기&구술 시험	2025.05.28 09:00 (수) ~ 2025.06.02 18:00 (월)	2025.06.05 (목) ~ 2025.07.03 (목)	2025.07.11 16:00 (금)

■ 응시자격&유의사항

응시자격	1. 18세 이상인 사람 2. 해당 자격종목의 유소년 또는 노인 스포츠지도사 자격을 가지고 동일한 종목의 자격을 취득하려는 사람 3. 2급 장애인스포츠지도사 자격을 가지고 보유한 자격 종목이 아닌 다른 종목(문화체육관광부 '체육지도자 자격종목 신설 · 변경 · 폐지 등에 관한 고시' 별표1 제3호의 비고에서 다른 종목으로 보는 경우를 포함)의 자격을 취득하려는 사람 4. 유소년 또는 노인스포츠지도사 자격을 가지고 보유한 자격 종목이 아닌 다른 종목의 자격을 취득하려는 사람 5. 2급 생활스포츠지도사 자격을 가지고 보유한 자격 종목이 아닌 다른 종목의 자격을 취득하려는 사람
유의사항	1. 동일 자격등급에 한하여 연간 1인 1종목만 취득 가능(동·하계 중복 응시 불가) 2. 접수 시 선택한 종목은 변경 불가(2025년 신규 접수자부터 적용) 3. 필기 및 실기구술시험 장소는 추후 체육지도자 홈페이지에 공지 예정 4. 하계 필기시험 또는 동계 실기구술시험에 합격한 사람에 대해 다음 해에 실시되는 해당 자격검정 1회 면제 5. 필기시험에 합격한 해의 12월 31일부터 3년 이내에 연수과정을 이수하여야 함 　※ 단, 필기시험을 면제받거나 실기구술시험을 먼저 실시하는 경우에는 실기구술 시험에 합격한 해의 12월 31일부터 3년 이내에 연수과정(연수면제자는 스포츠윤리교육)을 이수하여야 함. 6. 나이 요건 충족 기준일은 각 자격요건별 취득절차상 첫 절차의 접수마감일 기준(2007년 출생자 중 해당 과정의 접수마감일 이전 출생) 7. 졸업예정자의 경우 다음 연도 2월 말까지 졸업(학위)증명서 반드시 제출(필기 · 실기, 구술 합격자 포함)

※ 위 내용은 2급 생활스포츠지도사 기준이며, 보다 자세한 사항은 국민체육진흥공단 체육지도사연수원에서 확인하실 수 있습니다.

체육지도자의 결격사유 등

결격사유	1. 피성년후견인 2. 금고 이상의 형을 선고받고 그 집행이 종료되거나 집행이 면제된 날부터 2년이 지나지 아니한 사람 3. 금고 이상의 형의 집행유예를 선고받고 그 유예기간 중에 있는 사람 4. 다음 각 목의 어느 하나에 해당하는 죄를 저지른 사람으로서 금고 이상의 형 또는 치료감호를 선고받고 그 집행이 종료되거나 집행이 유예·면제된 날부터 20년이 지나지 아니하거나 벌금형이 확정된 날부터 10년이 지나지 아니한 사람 ① 성폭력범죄의 처벌 등에 관한 특례법 제2조에 따른 성폭력범죄 ② 아동·청소년의 성보호에 관한 법률 제2조 제2호에 따른 아동·청소년대상 성범죄 5. 선수를 대상으로 형법 제2편 제25장 상해와 폭행의 죄를 저지른 체육지도자(제12조 제1항에 따라 자격이 취소된 사람을 포함한다)로서 금고 이상의 형을 선고받고 그 집행이 종료되거나 집행이 유예·면제된 날부터 10년이 지나지 아니한 사람 6. 제12조 제1항 제1호부터 제4호까지에 따라 자격이 취소(이 조 제1호에 해당하여 자격이 취소된 경우는 제외한다)되거나 같은 조 제3항에 따라 자격검정이 중지 또는 무효로 된 후 3년이 경과되지 아니한 사람
자격 취소사유	1. 거짓이나 그 밖의 부정한 방법으로 체육지도자의 자격을 취득한 경우 2. 자격정지 기간 중에 업무를 수행한 경우 3. 체육지도자 자격증을 타인에게 대여한 경우 4. 제11조의5 각 호의 어느 하나에 해당하는 경우
자격 취소 또는 5년 이하 자격 정지사유	1. 선수의 신체에 폭행을 가하거나 상해를 입히는 행위를 한 경우 2. 선수에게 성희롱 또는 성폭력에 해당하는 행위를 한 경우 3. 그 밖에 직무수행 중 부정이나 비위 사실이 있는 경우 ※ 자격검정을 받는 사람이 그 검정과정에서 부정행위를 한 때에는 현장에서 그 검정을 중지시키거나 무효로 한다. 4. 제1항에 따라 체육지도자 자격이 취소된 사람은 문화체육관광부령으로 정하는 바에 따라 체육지도자 자격증을 문화체육관광부장관에게 반납하여야 한다. 5. 제1항에 따른 행정처분의 세부적인 기준 및 절차는 그 사유와 위반 정도를 고려하여 문화체육관광부령으로 정한다.

더 많은 내용이 알고 싶다면?

- 시험일정 및 자격증에 대한 더 자세한 사항은 해커스자격증(pass.Hackers.com) 또는 Q-net(www.Q-net.or.kr)에서 확인할 수 있습니다.
- 모바일의 경우 QR 코드로 접속이 가능합니다.

모바일 해커스자격증
(pass.Hackers.com)
바로가기 ▶

실기 및 구술 준비하기

※ 보다 자세한 사항은 국민체육진흥공단 체육지도사연수원에서 확인하실 수 있습니다.

■ 스포츠지도사 시험 절차

■ 자격검정 기관 및 연수기관

연수기관 (27)	수도권(10)	경기대, 경희대, 동국대, 용인대, 인천대, 중앙대, 한양대, 한양대(에리카), 숭실대, 을지대
	경상(6)	경남대, 경상대, 계명대, 부경대, 안동대, 경북대
	충청(4)	건국대, 충남대, 충북대, 호서대
	전라(4)	군산대, 전남대, 전북대, 목포대
	강원(2)	강릉원주대, 강원대
	제주(1)	제주대

※ 위 내용은 2급 생활스포츠지도사 기준이며, 보다 자세한 사항은 국민체육진흥공단 체육지도사연수원에서 확인하실 수 있습니다.

■ 실기 평가 및 구술 시험장

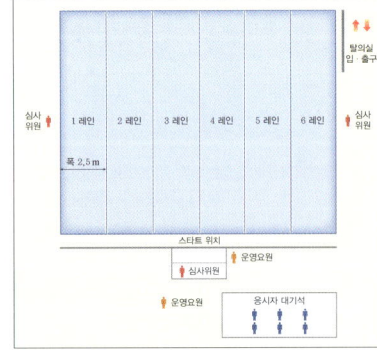

<실기 평가장>

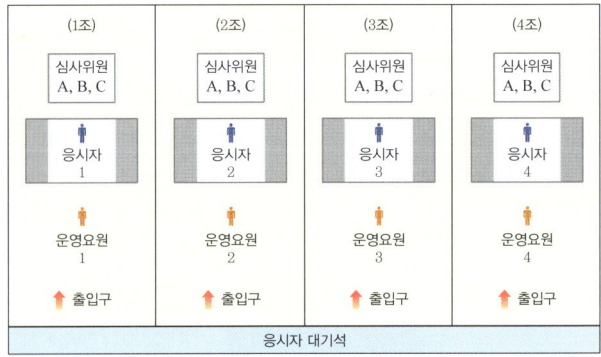

<구술 시험장>

해커스 스포츠지도사 수영 실기+구술 초단기 5일 합격

■ 실기평가 영역

※ 자세한 사항 및 전문지도사 관련 영역은 교재(62p~65p)에서 확인하실 수 있습니다.

구분	영역	내용
2급 생활 스포츠지도사, 장애인 · 유소년 · 노인	영법 동작기술 (스타트 / 턴)	출발자세(10점) / 턴자세(10점)
	영법 동작기술 (접영, 배영, 평영, 자유형)	영법자세(20점)
	기본기술	수영능력평가(60점)
2급 전문 스포츠지도사 필기	경영(접영 50m)	※ 65p 참조
	경영(평영 50m)	
	경영(자유형 50m)	

■ 구술평가 영역

1. 평가항목
① 규정 2개(40점)
② 지도방법 1개(40점)
③ 태도(20점)

2. 합격기준(100점 만점에 70점 이상)

영역	배점	분야
규정	40점	시설, 도구, 경기운영
지도방법	40점	도구, 스트로크, 지도대상별 지도방법
태도	20점	질문이해, 내용표현(목소리), 자세 · 신념, 복장 · 용모

※ 평가기준은 해마다 조금씩 변경될 수 있어, 정확한 정보는 대한수영연맹이나 국민체육진흥공단의 공식 공지에서 확인하실 수 있습니다.

연수 및 현장실습 대비하기

■ 스포츠지도사 시험 절차

| 필기시험 |  | 실기 · 구술시험 |  | 연수 및 현장실습 |

■ 과정별 이수조건

구분	출결	연수태도	체육지도	현장실습
평가기관	연수원, 현장실습기관	연수원	연수원	현장실습기관
이수점수	90% 이상	60% 이상	60점 이상	60점 이상

■ 과정별 평가기준

1. 연수태도 평가기준(100점 만점 중)

구분	위반사항	감점
대리 연수 참여	타인으로 하여금 대리로 연수하게 한 경우	회당 50점
학습태도 불량	무응답, 취침, 잡담, 음주(또는 음주상태), 흡연 등	회당 10점
체육지도자로서 품위손상	성희롱 발언, 음식물 섭취 등	회당 10점

2. 현장실습 평가기준

평가항목	주요 내용	배점
출석상황	결석 1회 이상 또는 지각·조퇴 각 2회 이상 시	이수 불가
현장실습 태도	용모, 규정 준수, 윤리의식, 책임감, 성실성 등	20점
체육지도 기술	문제해결능력, 체육지도기록, 안전관리, 사용장비 정비 및 관리 등	40점
의사소통 및 대인관계	선수 등 의사소통, 의사표현 능력 등	30점
행정처리	행정처류 처리 등	10점

3. 출결기준

구분	관리기준	감점
결석	1일 이상 수업에 참여하지 않은 경우	해당 시간
지각	수업 시작 후 5분 이상 지각 시	해당 시간
이석	수업 시작 후 5분 이상 이석 시	해당 시간
조퇴·퇴장	수업 또는 휴게시간 중 조퇴·퇴장한 경우	해당 시간

5일 합격 학습플랜

5일 합격 학습플랜 활용 방법

1. 스포츠지도사 수영 실기 및 구술시험의 단기 합격을 위한 학습플랜을 참고합니다.
2. 학습플랜에 맞춰 목표를 달성하면 학습날짜를 기입합니다.
3. 시험 직전까지 일자별로 학습한 내용을 복습하고 반복적으로 익혀줍니다.

※ Part 02는 시험 소개로서 학습 영역이 아니므로 제외됩니다.

1일차 학습 목표

PART 01	Chapter 01 ~ Chapter 02	__월 __일

2일차 학습 목표

PART 01	Chapter 03 ~ Chapter 05	__월 __일

3일차 학습 목표

PART 03	Chapter 01 ~ Chapter 02	__월 __일

4일차 학습 목표

PART 04	기출문제 전체	__월 __일

5일차 학습 목표

PART 05	총 복습	__월 __일

해커스자격증
pass.Hackers.com

해커스 **스포츠지도사 수영** 실기+구술 초단기 5일 합격

생활체육 지도사

Chapter 01   생활체육의 역할과 기능
Chapter 02   수영의 역사와 발전
Chapter 03   수영의 세부 종목
Chapter 04   수영 지도방법 및 안전수칙
Chapter 05   월드 아쿠아틱스(World Aquatics)와 규정

Chapter 01 생활체육의 역할과 기능

1 생활체육이란?

1. 생활체육의 정의
생활체육은 일상생활에서 접할 수 있는 모든 신체활동으로 개인 또는 단체가 더 나은 삶을 영위하기 위해 가정, 직장, 지역사회 등을 중심으로 자발적으로 참가하는 스포츠활동을 의미
① 인간 삶의 질 향상을 위해 연령대 기준으로 유아체육, 아동, 청소년, 성인 전·후기, 노인체육 영역과 장소 기준으로 가정, 직장, 지역사회 및 상업시설 등을 중심으로 이루어지는 모든 체육활동
② 건강과 체력증진을 위한 자발적이고 일상적인 체육활동으로 경기스포츠에서부터 대중스포츠까지 넓은 범위를 포함

> **참고**
>
> **생활체육의 효과**
> 신체활동의 부족, 자기표현의 기회 상실, 인간관계 등과 관련하여 신체활동을 통하여 체력을 단련하고 생활에 활력을 가져다 줄 수 있음

2. 생활체육의 필요성
생활체육은 인간의 여가 활동 수단으로 건전한 사회풍토 조성, 스트레스 및 우울증 해소, 공동체 의식 강화, 국민건강 유지에 이바지할 수 있음
① 인간의 여가 시간을 건설적·교육적으로 선용하는 기회를 제공하며, 건전한 사회 풍토 조성에 기여
② 현대사회의 각종 병리 현상으로 인하여 발생하는 스트레스(걱정, 갈등, 열등감, 죄의식, 우울증) 및 공격성 해소에 효과적
③ 팀워크, 공동체 의식 강화, 사회적 결속 등을 통하여 원만한 사회생활 영위에 기여하여 공동체 의식을 강화시켜 줄 수 있음
④ 운동시간이 부족한 현대인들에게 필요한 적정량의 신체활동 기회를 제공하여 건강증진과 체력증진에 효과적

3. 생활체육의 3대 요소
① 프로그램, 시설, 지도자
② 그 외에 조직, 재정, 홍보 등

4. 생활체육의 특징과 기능(역할)
생활체육의 기능(역할)으로는 질병 예방과 치료기능, 스트레스와 긴장 완화를 통한 정서적 균형 유지, 타인과의 관계를 통한 공동체 의식을 함양하고 소속감과 유대감 형성에 도움을 줄 수 있다는 점 등

(1) 특징

생활체육은 일반대중이 주체이고, 국민건강과 여가생활 영위를 통한 건전한 사회조성과 건강하며 행복한 삶을 영위하는 복지사회의 기반이 되는 사회 교육적 활동

(2) 기능(역할)

생리적 기능	체력 및 근력 증진을 통한 성인병 예방, 치료 및 완화 등 질병 예방과 치료기능
심리적 기능	스트레스와 긴장 완화, 건강한 자아상 형성을 통한 우울증 감소, 정서적 균형 유지 기능
사회적 기능	타인과 융합하는 과정에서 사회규범 습득을 통해 공동체 의식을 함양하고 소속감과 유대감 형성에 기여

2 생활체육 지도자

1. 생활체육 지도자의 자질 및 역할, 기능

체육참가자의 태도나 행동에 영향을 미치고, 그들에게 어떤 목적이나 올바른 활동 방향을 제시하고 안내하며 가르치는 사람을 의미

- 생활체육 지도자의 자질로 민주적 분위기 확보, 스포츠 지식과 기술, 지도법과 능력 보유, 성실하고 강한 책임감이 있음. 또한 의사전달 능력, 투철한 사명감, 긍정적·적극적 성격, 도덕적 품성, 칭찬의 미덕, 공정성, 확고한 신념 등도 포함
- 생활체육 지도자의 역할로는 운동기능의 전수, 생활체육의 전문지식 전달, 운동 처방, 생활체육시설의 운영 및 관리, 생활체육의 체계적 활동 전개 등이 있음
- 생활체육 지도자의 기능으로는 생활 체육활동 목표설정, 생활체육 프로그램 및 지도법 개발, 용기구의 운용, 안전사고 예방 및 시설 관리 등이 있음

(1) 자질

① 개성과 관련된 자질: 민주적인 분위기의 확보

② 능력과 관련된 자질: 스포츠 지식과 기술, 지도법과 능력 등

③ 태도와 관련된 자질: 성실하고 책임감이 강해야 함

의사전달 능력	참가자의 관심 유도 및 유지, 의사전달 내용의 상세한 설명, 성실한 청취 태도 분위기 조성
투철한 사명감	투철한 사명감을 지닌 지도자는 참가자의 과도한 긴장이나 불안감을 해소시켜 줌으로써 자발적 의지로 자신이나 집단의 목표를 성취하도록 유도
긍정적이고 적극적 성격	친근감 및 신뢰감을 형성시켜 주며 집단의 우호적 분위기 조성에 기여
도덕적 품성	참가자와 원만한 인간관계 형성에 기여
칭찬의 미덕	참가자의 과제 수행에 대한 긍정적 동기유발 촉진
공정성	생활체육 지도자는 성, 연령, 교육 수준, 지역, 사회계층, 운동기능 수준, 외모 등에 의한 편견 없이 참가자 모두를 평등하게 대하고 지도해야 함
그 외 확고한 신념, 의사결정능력, 적절한 활동 습관 등	

(2) 역할

운동기능의 전수, 생활체육의 전문지식 전달, 운동 처방, 생활체육시설의 운영 및 관리(안전사고 예방, 시설 관리 등), 생활체육의 체계적 활동 전개, 사회봉사 활동, 체육에 대한 긍정적인 인식 정착을 위해 노력해야 함

(3) 기능

① 생활체육 활동 목표설정
② 생활체육 프로그램 및 효율적인 지도법 연구
③ 생활체육 지도자 간의 인간관계 유지
④ 생활체육 재정의 관리
⑤ 생활체육 활동용 도구의 효율적 활용
⑥ 생활체육에 관한 연구 활동
⑦ 지역사회와의 유대관계 형성 및 강화
⑧ 안전사고 예방 및 시설 관리
⑨ 활동 내용의 기록 및 문서 관리

2. 생활체육 지도의 목표

생활체육 지도의 목표는 참가자의 탐구 능력 향상, 건강 증진, 사회관계 촉진, 지적 성장 유도, 건전한 여가 선용 기회 제공 등을 목표로 해야 함

탐구 능력 향상	참가자로 하여금 탐구 감각을 기를 수 있도록 촉진시킴
건강 증진	참가자의 신체적, 정신적, 사회적 건강 유지 및 증진하는 데 기여
사회관계 촉진	참가자 간 원만한 유대관계를 유지하도록 도와주는 한편, 바람직한 사회성 함양 유도
지적 성장	참가자에게 새로운 경험, 호기심 충족 그리고 새로운 도전의 기회에 대한 욕구를 충족시킬 수 있도록 도와주어야 함
의사결정 능력과 독립심 배양	자연 친화적인 야외 체육활동은 자율적 행동과 외부 환경에 대한 적응 그리고 독립심을 기르는 데 유익함
건전한 여가	건전한 여가 선용의 기회를 제공함
가족 유대관계 강화	생활체육 지도자는 가족 단위 참가를 유도함으로써 가족 유대 강화에 기여
시민 정신 육성	생활체육 지도자는 사회, 문화의 학습과 이해를 통하여 참가자의 시민 정신을 함양시키도록 촉구시킴

3. 생활체육 프로그램의 기획 단계

(1) 프로그램 기획 철학 및 목적 이해

생활체육 프로그램 계획자는 현행 프로그램이 단체의 철학 및 목적에 부합되고 단체의 철학을 구현하는 데 프로그램이 기여하고 있는가를 살펴보아야 함

(2) 요구조사

참가자가 새롭고 즐거운 경험 및 만족감을 얻을 수 있도록 참가자의 요구를 반영하는 절차를 거쳐야 함

① 프로그램 기획 철학 및 목적을 이해

② 참가자의 요구조사

③ 프로그램 목적 및 목표설정

④ 생활체육 프로그램 계획

⑤ 생활체육 프로그램 실행

⑥ 생활체육 프로그램 평가

프로그램 목적 및 목표설정	프로그램 기획의 전 과정에서 추진해야 할 방향 및 성취 수준 제시
생활체육 프로그램 계획	프로그램 설계와 계획서 작성 단계로 구분
프로그램 설계	프로그램 구성 요소를 확인하고 단계별 활동 시나리오를 계획하며, 활동 시나리오의 개념화 및 우선순위를 결정
프로그램 계획서	미래 프로그램 운영의 지침으로 이용되며, 설계 단계에서 발견되는 문제점을 실행 전에 바르게 교정하는 역할
생활체육 프로그램 실행	실행에서 대부분 시간을 소비하며, 물리적 공간 확보와 배열, 프로그램 광고, 참가자 등록, 지도자 구성 및 관리 등에 주의를 기울여야 함
생활체육 프로그램 평가	이미 제시된 활동 목표에 대한 경험 효과를 측정하는 과정이며, 넓은 의미에서 프로그램 활동을 통하여 참가자와 지도자의 생활체육에 대한 가치, 태도 및 운동기능 수준의 변화를 판정

구술 기출문제
Chapter 01 생활체육의 역할과 기능

01 생활체육이란?

 생활체육은 일상생활에서 접할 수 있는 모든 신체활동으로 개인 또는 단체가 더 나은 삶을 영위하기 위해 가정, 직장, 지역사회 등을 중심으로 자발적으로 참가하는 스포츠 활동을 의미한다.

- 인간 삶의 질 향상을 위해 연령대 기준으로 유아체육, 아동, 청소년, 성인 전·후기, 노인체육 영역과 장소 기준으로 가정, 직장, 지역사회 및 상업시설 등을 중심으로 이루어지는 모든 체육활동
- 건강과 체력증진을 위한 자발적이고 일상적인 체육활동으로 경기스포츠에서부터 대중스포츠까지 넓은 범위 포함
(목적: 신체활동의 부족, 자기표현의 기회 상실, 인간관계 등과 관련하여 신체활동을 통하여 체력을 단련하고 생활에 활력을 가져 보다 밝고 풍요한 생활을 영위하는 데 있음)

02 생활체육의 필요성에 대하여 설명하시오.

 생활체육은 인간의 여가 활동 수단으로 건전한 사회풍토 조성, 스트레스 및 우울증 해소, 공동체 의식 강화, 국민건강 유지에 이바지할 수 있다.

- 생활체육은 인간의 여가 시간을 건설적, 교육적으로 선용하는 기회를 제공하며 건전한 사회 풍토 조성에 기여(여가 활동 수단)
- 생활체육은 현대사회의 각종 병리 현상으로 인하여 발생하는 스트레스(걱정, 갈등, 열등감, 죄의식, 우울증) 및 공격성 해소에 기여(스트레스, 우울증 해소)
- 생활체육은 팀워크, 공동체 의식 강화, 사회적 결속 등을 통하여 원만한 사회생활 영위에 기여(공동체 의식 강화)
- 생활체육은 운동시간이 부족한 현대인들에게 필요한 적정량의 신체활동 기회를 제공하여 건강 증진과 강한 체력 육성에 기여(국민건강 유지)

03 생활체육의 3대 요소는?

 프로그램, 시설, 지도자가 3대 요소이며 그 외에 조직, 재정, 홍보 등이 있다.

04 생활체육 특징과 역할(기능)에 대하여 설명하시오.

 생활체육의 역할(기능)은 질병 예방과 치료기능, 스트레스와 긴장 완화를 통한 정서적 균형 유지, 타인과의 관계를 통한 공동체 의식을 함양하고 소속감과 유대감 형성에 이바지할 수 있다.

- 특징: 일반대중이 주체이고, 국민건강과 여가생활 영위를 통한 건전한 사회풍토를 조성함
- 기능(역할)

생리적 기능	체력 및 근력 증진을 통한 성인병 예방, 치료 및 완화 등 질병 예방과 치료기능
심리적 기능	스트레스와 긴장 완화, 건강한 자아상 형성을 통한 우울증 감소, 정서적 균형 유지 기능
사회적 기능	타인과 융합하는 과정에서 사회규범 습득을 통해 공동체 의식을 함양하고 소속감과 유대감 형성에 기여

05 생활체육 지도자의 자질에 대하여 설명하시오.

- 개성과 관련된 자질 - 민주적인 분위기의 확보
- 능력과 관련된 자질 - 스포츠 지식과 기술, 지도법과 능력 등
- 태도와 관련된 자질 - 성실하고 책임감이 강해야 함
- 의사전달 능력
- 투철한 사명감
- 긍정적이고(활달하고) 적극적(강인한) 성격
- 도덕적 품성
- 칭찬의 미덕(동기유발)
- 공정성
- 확고한 신념, 의사결정능력, 적절한 활동 습관

06 생활체육 지도자의 역할은?

운동기능의 전수, 생활체육의 전문지식 전달, 운동 처방, 생활체육시설의 운영 및 관리(안전사고 예방, 시설 관리 등), 생활체육의 체계적 활동 전개, 사회봉사 활동, 체육에 대한 긍정적인 인식 정착을 위한 노력 등이 있다.

07 생활체육 지도자의 기능은?

- 생활체육 활동 목표설정
- 생활체육 프로그램 및 효율적인 지도법 연구
- 생활체육 지도자 간의 인간관계 유지
- 생활체육 재정의 관리
- 생활체육 활동용 도구의 효율적 활용
- 생활체육에 관한 연구 활동
- 지역사회와의 유대관계 형성 및 강화
- 안전사고 예방 및 시설 관리
- 활동 내용의 기록 및 문서 관리

Chapter 02 수영의 역사와 발전

1 수영의 역사와 발전

1. 초기 수영

수영의 발생에 대한 기록은 명확하지 않지만, 고대부터 목욕, 어업, 교통수단 및 전투훈련과 같은 생활 수단으로 시작됨. 각종 운동 경기가 행해졌던 고대 그리스에서는 경기종목에 수영이 포함되지 않았음

고대	군사 목적이나 식량을 얻기 위한 생활수단에 대한 필요성에서 발달한 것
중세	유럽에서는 수영이 기사의 필수 과목이 되었고, 교양이나 생활 또는 전쟁을 위한 중요한 운동 중의 하나가 됨
근세초기	종교상의 이유와 물이 흑사병과 같은 전염병을 유발한다는 이유로 수영이나 목욕이 금지됨

2. 수영 경기의 시작

① 수영이 일반 경기 종목으로 나타나기 시작한 시기는 19세기경. 수영이 레크리에이션과 함께 학교대항 형태의 시합으로도 개최되기 시작했으며, 처음에는 군사 목적으로 시작된 수영도 20세기부터 신체단련 수단으로 변화하게 됨

② 수영 경기가 본격적으로 시작된 것은 영국의 국립 수영협회가 19세기 초에 개최한 것으로, 초기 영국 수영 경기의 대부분은 평영(Breaststroke)의 형태를 사용(USA Swimming, 2015). 초기 올림픽에서 수영은 모두 크롤(Crawl) 영법으로 시행. 1837년부터 자유형 경기종목이 시작되었는데, 양팔을 물 위로 내빼어 교대로 저어가는 방법으로 시행되었으며, 이 영법은 창시자의 이름을 따서 트러전 수영법(Trudgen Stroke)이라고 불림

③ 20세기에는 굉장한 속도의 전혀 새로운 수영 영법인 크롤 스트로크(Crawl Stroke)가 나타남. 그러나 크롤 스트로크가 진보·발전되기까지 20세기 대부분이 소요되었고, 2000년 시드니 올림픽 경기에 출전한 선수들에 의해 크롤 스트로크 수영 지식이 새로운 패러다임으로 만들어짐

④ 1896년부터 올림픽에서 자유형과 평영이 함께 치러짐. 1940년대 평영은 머리 앞쪽으로 두 팔을 옮겨와 속도의 향상을 이루었지만, 이 영법은 평영에서 금지됨. 금지된 영법은 이후 접영(Butterfly)으로 발전. 초기 접영의 다리 동작은 평영과 같았지만 1954년 일본의 가자와(kajawa) 선수가 이 다리 동작을 돌핀킥(Dolphin kick)으로 더욱 고안·발달시키고, 1956년 멜버른 올림픽에서 공식적으로 등장하였음

⑤ 배영(backstroke)은 1912년부터 경영 종목으로 추가. 초기 배영은 수면 위에서 휴식을 취하기 위해 발달한 것으로 크롤 영법이 나타나기 전 평영의 다리 동작으로 양손을 동시에 저어가는 방법이었지만, 1900년대에 크롤 영법을 뒤집어 놓은 수영이 되었음

19세기 경	레크리에이션과 함께 학교대항 형태의 시합으로도 개최되기 시작했으며, 20세기부터 신체단련 수단으로 변화
19세기 초	수영 경기가 본격적으로 시작된 것은 영국의 국립 수영협회가 19세기 초에 개최한 것이며, 초기 영국 수영 경기의 대부분은 평영(Breaststroke)의 형태를 사용. 초기 올림픽에서 수영은 모두 크롤(Crawl) 영법으로 시행
20세기	지금의 자유형 영법인 크롤 스트로크(Crawl Stroke)가 선보임
1896년	1896년부터 아테네 올림픽에서 자유형과 평영이 함께 치러짐
1912년	배영(backstroke)은 1912년부터 경영 종목으로 추가

3. 수영의 근대화에 노력한 인물

이탈리아의 베르 누르디(Bernurdi), 독일의 구츠무츠(Gutsmuths), 푸엘(Pfuel) 등. 개척자들의 노력으로 수영의 가치가 심어지게 되었고, 이와 함께 유럽의 도시나 군대에서는 수영을 위한 연습장을 세우게 되었으며, 이들을 중심으로 한 수영 클럽의 탄생으로 인해 오늘날의 수영으로 발전

4. 한국 수영의 시작

우리나라의 수영은 갑오경장 이후 스포츠가 널리 소개·보급되면서 체계적인 지도와 보급이 이루어짐. 1916년 원산 송도원에서 국내 최초의 강습회를 청년회 주최로 개최하였고, 1929년 9월 1일 동아일보사 주최로 제1회 조선 수영 대회를 경성제대 수영장에서 개최하였으며, 1930년에는 조선 수상 경기협회가 발족하였음. 해방 후 1946년 대한 수상경기 연맹으로 재정비되어 1958년 제3회 동경 아시안게임에 이르러서야 우리나라 처음으로 국제 대회에 선수 2명을 파견하게 되었고, 이후 1966년에 대한 수영연맹으로 명칭을 변경해 오늘날까지 사용하고 있음

세계 역사	① 1896년 제1회 아테네올림픽에서 정식종목 채택됨 ② 1908년 제4회 런던올림픽대회 기간에 국제수영연맹(FINA) 결성(벨기에, 영국, 덴마크, 핀란드, 프랑스, 독일, 헝가리, 스웨덴 등 8개국)
국내 역사	① 1898년 무관학교에서 처음 수영을 가르침 ② 1929년 제1회 전국수영대회 개최: 1929년 9월 1일 전국 학생수영 경기대회 → 동아수영대회(2019년 91회 개최, 동아일보사 주최, 대한수영연맹 주관) ③ 1946년 조선 수상 경기연맹 창립 → 1948년 대한 수상경기 연맹으로 개칭 → 1952년 국제아마추어 수상 연맹 가입 → 1958년 자는 3회 도쿄 아시아 경기대회에 최초로 수영 국가대표선수 참가 → 1966년 대한수영연맹으로 개칭

5. 한국을 빛낸 수영인

(1) 조오련

조오련 선수는 한국 최초의 아시안게임 메달리스트. 1969년 9월 제21회 종합선수권 대회에 참가 개인혼영 200m에서 처음으로 대한민국 신기록을 세운 후 1970년 제6회 아시안 게임 자유형 400m, 1500m 그리고 1974년 제7회 아시안 게임 자유형 400m, 1500m에서 각각 금메달리스트로 등극하면서 '아시아의 물개'란 별명을 얻었음

(2) 최윤희

최윤희 선수는 만 15세의 나이에 1982년 뉴델리 아시안 게임의 여자 배영 100m, 200m, 개인혼영 200m에서 금메달 3개, 1986년 서울 아시안 게임의 여자 배영 100m, 200m에서 금메달 2개를 획득. 최윤희 선수는 조오련 선수 이후 10년 만에 나온 아시안 게임 수영 금메달리스트로, 당시 최고의 여자 스포츠 스타에 오르며 "국민 여동생", "아시아의 인어"로 큰 인기를 얻음

(3) 박태환

박태환 선수는 아시아에서 수영 종목으로 나오기 힘든 한국 최초의 올림픽 금메달리스트. 대한민국의 수영 역사상 최초로 2008 올림픽 자유형 400m에서의 금메달과 자유형 200m에서의 은메달을 획득하였고, 최초로 2회 연속 올림픽에서 메달을 획득한 선수. 육상, 수영 같은 기본종목에서 한국에서 금메달이 나오기 힘들 것이라는 전문가들의 예상을 뒤집은 하나의 사건이라고 볼 수도 있음

(4) 김서영

김서영 선수는 여자 개인혼영 종목 아시안 게임 금메달리스트. 2012 런던 올림픽의 개인혼영 400m와 200m에 참가했고, 2018 자카르타·팔렘방 아시안 게임의 개인혼영 200m에서 한국 신기록 및 대회 신기록을 경신하며 금메달을 획득. 이는 2010 광저우 아시안게임 이후로 8년 만의 아시안 게임에서 한국 수영 금메달이자 1982 뉴델리 아시안 게임의 최윤희 이후 36년 만의 개인혼영 금메달

(5) 황선우

황선우 선수는 박태환 선수의 신기록을 갈아치운 현재 가장 영향력 있는 수영선수로, 도쿄 올림픽에서 자유형 200m에서 11년 만에 기존 박태환 선수의 대한민국 최고 기록을 깨고, 세계 주니어 신기록이자 한국 신기록까지 수립. 헝가리 부다페스트에서 열린 2022년 세계 선수권 대회 자유형 200m 종목에서 1분 44.47초의 기록으로 은메달을 획득. 2023 후쿠오카 세계선수권 대회 자유형 200m 종목에서 한국 신기록을 갈아치우며 동메달을 획득

(6) 김우민

김우민은 2020년 하계 올림픽에 참가했으며 2022년 아시안 게임에서 3관왕에 오르며 주목을 받음. 이후 2024년 세계 선수권 대회에서 400m 자유형 종목 금메달을 획득하면서 대한민국 선수로는 두 번째로 세계 수영 선수권 대회 금메달을 획득했으며, 2024년 파리 올림픽에서는 주 종목인 자유형 400m 종목에서 동메달을 획득

2 현대 수영의 발전

과거에는 제대로 된 수영복과 수영모자, 물안경도 없이 수영팬티 한 장으로 수영대회를 치를 정도로 정확한 영법에 대한 규정도 없는 수영을 하였지만, 세월이 흐르면서 과학기술이 발전되었다. 그 영향으로 인하여 스포츠에도 첨단 과학기술들이 도입되면서 스포츠의 발전에 큰 영향을 주고 있고, 이에 따라 많은 선수들이 꾸준하게 기록을 단축하며 수영의 큰 발전을 이뤄내고 있음

1. 수영장 환경의 발전

(1) 스타트대

과학기술이 발전하면서 수영장의 형태 또한 나날이 발전하고 있음. 과거의 스타트대는 경사도가 없는 평평한 형태였고, 이후 스타트대에 경사도를 주어 무게중심을 앞쪽으로 쏠리게 만들어 조금 더 빠르게 출발할 수 있도록 변형되었음. 현재의 스타트 블럭은 육상 스타트 블럭의 뒤 발판의 원리를 반영하여 수영 스타트 블럭 뒤에 발판을 만들어 선수들이 스타트 시 미끄러지지 않고 힘을 더 잘 실어서 빠르고 힘차게 출발할 수 있도록 변형됨

<1960년대의 스타트대>

<2000년 초반>

<뒷발판 도입>

<스타트대 규격>
가로×세로 50cm, 수면에서 50~70cm,
10도 이하의 경사도, 발판 부분 미끄럼 방지

<터치패드 규격>
가로 2.4m, 세로 0.9m, 두께 0.01m,
수면위 0.3m, 수면아래 0.6m

> **참고**
>
> **그랩 스타트(grab start)**
> 과거 스타트대에 뒷 발판이 도입되기 전의 일반적인 스타트 방법. 양발을 데크에 가지런히 놓고 뛰기 때문에 안정적이고 힘차게 뛸 수 있음
>
> **크라우칭 스타트(crouching start)**
> 육상의 출발에서 도입된 스타트 방법으로, 한 발은 데크에 발가락을 걸고 다른 한 발은 뒤쪽에 위치하여 뛰는 방법. 그랩 스타트에 비해 빠르게 뛰어나갈 수 있다는 장점이 있어 현재는 대부분 선수들이 크라우칭 스타트 구사

(2) 수심과 수온

'월드 아쿠아틱스(World Aquatics)' 국제수영연맹에 규정된 수영장의 공식 수심은 최소 2m, 최대 3m이고, 수온은 25~28°C를 유지. 선수마다 선호하는 수심과 수온이 있을 정도로 사소한 부분이 경기력에 많은 영향을 미치기도 함(올림픽 크기의 수영장은 2008년 베이징 하계 올림픽에서 처음 선보임)

(3) 레인

과거 1~8까지의 8레인에서 현재는 0~9까지의 10레인을 사용하게 되었는데, 시합에서는 양측의 0레인과 9레인을 사용하지 않고 비워 두며 총 8명의 인원으로 대회를 치름. 기존 8레인을 사용하였을 때는 양측 레인의 선수들의 물살이 수영장 벽에 부딪히며 생기는 저항이 컸는데, 0레인과 9레인을 만들면서 총 10개의 레인 사용으로 1레인과 8레인의 선수들에게 생기는 물살의 저항을 줄여줄 수 있음

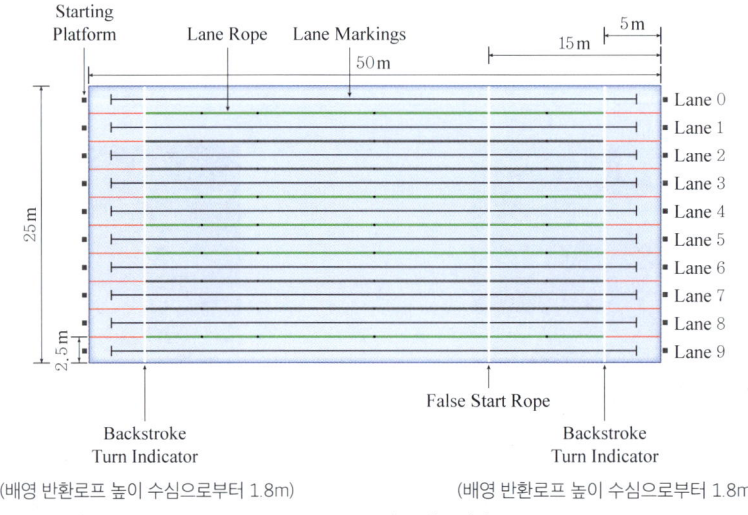

<FINA 50m 규격 국제수영장>

스타트 블록	① 올림픽: 가로×세로 50cm / 세계선수권: 가로 50cm, 세로 60cm, ② 위치: 수면에서 50~70cm, 경사도 10도 이하, 발판 부분 미끄럼 방지
배영 렛지	폭 최소 65cm, 발판 크기 8cm, 최대 두께 2cm, 경사 10도, 발판은 수면의 높이 ±4cm 조절 가능
터치패드	가로 2.4m, 세로 0.9m, 두께 0.01m, 수면위 0.3m, 수면아래 0.6m
수심	최소 2m, 최대 3m
수온	25~28℃

레인	① 레인: 올림픽 8개 레인 / 세계선수권 10개 레인
	② 길이: 가로 25m, 세로 50m
	③ 레인 폭: 2.5m
	④ 로프 직경: 5~11cm
	⑤ 레인별 코스로프 색상
	  • 올림픽: 1, 8번 - 초록 / 2, 3, 6, 7번 - 파랑 / 4, 5번 - 노랑
	  • 세계선수권(0~9레인일 경우): 0, 9번 - 초록 / 1, 2, 3, 6, 7, 8번 - 파랑 / 4, 5번 - 노랑

<월드 아쿠아틱스(World Aquatics) 공식규격>

올림픽 규정		세계선수권 규정	
1	GREEN	0	GREEN
2	BLUE	1	BLUE
3	BLUE	2	BLUE
4	YELLOW	3	BLUE
5	YELLOW	4	YELLOW
6	YELLOW	5	YELLOW
7	BLUE	6	YELLOW
8	BLUE	7	BLUE
8	GREEN	8	BLUE
		9	BLUE
			GREEN

<레인별 코스로프 색상>

2. 수영 영법의 발전

수영은 기록경기이기 때문에 기록을 단축하기 위해서 최대한 노력해야 하는데, 기록을 단축시키기 위해서는 저항을 최소화한 형태로 수영해야 함. 기록 단축을 위해서 매년 디테일한 자세들이 변형되고, 올림픽 메달리스트들이 어떠한 형태로 수영하는지 자세를 분석하며 연구하기도 함

최초의 수영 대회 때의 자세를 살펴보면 지금처럼 종목이 세분화되어 있지 않았고 헤드업 평영 자세의 형태로 진행됨. 초기 올림픽부터 수영은 모두 크롤(Crawl) 영법으로 시행하였고 이는 지금의 가장 빠른 종목인 자유형의 형태로 발전됨

<마이클 팰프스>

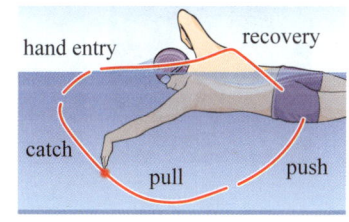

<자유형 stroke>

2000년 초기의 자유형 자세를 물속에서 보면 S자의 형태로 물을 밀어내며 속도를 냈지만, 2023년 현대 수영의 추세는 '하이엘보(High-Elbow)', 즉 팔꿈치를 높게 세워 I자의 형태로 물을 밀어내는 자세를 주로 사용. 두 자세를 비교한다면, S자의 형태로 하는 물잡기보다 I자의 형태의 자유형 물잡기가 캐치(Catch) 동작에서 물을 훨씬 더 많이 잡기 때문에 더 많은 물을 밀어내며 더 빠른 추진력을 얻을 수 있음

또한 S자 형태의 물잡기는 물속에서 이뤄지는 동작이 크기 때문에 물잡는 시간이 오래 걸리는 반면, I자의 형태의 물잡기는 동작이 직선으로 간결하기 때문에 보다 빠르고 많은 물을 밀어낼 수 있음

S 스트로크	장거리 선수들이 주로 사용하며 물속에서 이뤄지는 동작이 크기 때문에 물잡는 시간이 오래 걸리지만 어깨에 부하가 적음
I 스트로크	동작이 간결해서 단거리 선수들이 사용하며 캐치(Catch) 동작에서 물을 훨씬 더 많이 잡기 때문에 더 많은 물을 밀어내며 더 빠른 추진력을 얻을 수 있음

3. 수영복의 변화

수영이 본격적인 운동경기가 되었을 때부터 선수들은 양모나 면으로 만든 수영복을 착용하였지만, 옷이 물에 젖어 너무 무겁고 저항이 커 효과적인 수영을 방해함. 이후 첨단 과학기술의 발달로 수영복 또한 많은 발전을 이루면서 폴리우레탄과 폴리에스테르 등을 수영복 원단에 사용, 저항은 최소화하고 부력은 향상시켜주는 소재를 사용한 수영복을 출시. 첨단 수영복을 착용한 많은 선수들이 기록 단축을 하게 되면서 과도하게 많은 세계기록을 경신하는 일이 생기기도 함. 2008년 도입된 첨단 전신 수영복은 몸에 밀착되어 물의 저항을 덜 받게 하였는데, 이에 의해 개인 역량 이상의 기록 달성 경향이 생겨 세계신기록이 잇따라 속출했기 때문에 2010년부터 복합 인조소재로 제작된 전신 수영복의 착용을 금지하고 수영복 재질을 제한하게 되었음

① FINA 수영의 승인을 받은 수영복만 허용(FINA 표시)

② 남성은 배꼽 위, 무릎 아래로 연장되어서는 안 됨

③ 여성은 목을 덮거나 어깨를 넘거나 무릎 아래로 연장되어서는 안 됨(전신 수영복 금지)

④ 수모는 최대 2개까지 착용 허용

❶, ❷ 양모나 면 재질로 되어 있는 최초의 수영복
❸, ❹ 몸에 붙는 원피스 수영복
❺, ❻ 2009년 브라질의 수영 선수 세자르 시엘로(César Cielo)가 폴리우레탄 100% 첨단수영복을 입고 있는 장면
❼ 2023년 FINA 공식규정 시합수영복을 착용한 여자 수영선수들

pass.Hackers.com

구술 기출문제 — Chapter 02 수영의 역사와 발전

01 수영의 역사에 대해 설명하시오.

- 수영은 인류가 생존을 위해 물에서 식량을 획득하거나 더위, 화재, 맹수, 전쟁으로부터 회피, 놀이의 수단으로 시작된 것으로 추측할 수 있다.
- 세계적으로는 1회 아테네올림픽에서 정식종목으로 채택되었고 1908년 4회 런던올림픽에서 FINA가 결성되었다.
- 국내의 경우는 1898년 무관학교에서 처음 수영을 가르쳤고 지금의 동아수영대회의 시초인 제1회 전국 학생수영 경기대회가 1929년에 개최되었다. 이어서 1946년 조선 수상 경기연맹이 창립되고, 1952년 국제 아마추어 수상 연맹에 가입하였으며 1966년에 지금의 대한수영연맹으로 개칭하였다.

02 대한민국을 대표할 만한 수영인은?

- 조오련 선수는 한국 최초의 아시안게임 메달리스트이다.
- 최윤희 선수는 만 15세의 나이에 1982 뉴델리 아시안 게임의 여자 배영 100m, 200m와 개인혼영 200m에서 금메달 3개, 1986년 서울 아시안 게임의 여자 배영 100m, 200m에서 금메달 2개를 획득하였다.
- 박태환 선수는 아시아에서 수영 종목으로 나오기 힘든 한국 최초의 올림픽 금메달리스트이다.
- 김서영 선수는 여자 개인혼영 종목 아시안 게임 금메달리스트이다.
- 황선우 선수는 박태환 선수의 신기록을 갈아치운 현재 가장 영향력 있는 자유형 선수이다.

03 올림픽 규정 스타트대와 터치패드 규격에 대하여 설명하시오.

- 스타트대 규격
  - 높이는 수면으로부터 50~70cm
  - 면적은 가로 50cm × 세로 50cm
  - 최대 경사는 10도 이하
  - 발판에 미끄럼방지가 되어 있다.
  - 재질: 탄력이 없는 단단한 재질
- 배영렛지: 폭 최소 65cm, 발판 크기 8cm, 최대 두께 2cm, 경사 10도, 발판은 수면의 높이 ±4cm 조절 가능하다.
- 터치패드 규격: 가로 2.4m, 세로 0.9m, 두께 0.01m, 수면위 0.3m, 수면아래 0.6m이다.

04 피나규정상 대회복 착용 기준은?

- FINA 수영의 승인을 받은 수영복만 허용된다(FINA 표시).
- 남성은 배꼽 위, 무릎 아래로 연장되어서는 안 된다.
- 여성은 목을 덮거나 어깨를 넘거나 무릎 아래로 연장되어서는 안 된다(전신 수영복 금지).
- 수모는 최대 2개까지 착용을 허용한다.

05 대회시 수심과 수온에 대하여 설명하시오.

- 수심은 최소 2m, 최대 3m이다.
- 수온은 25~28°C이다.

06 스타트 종류에 대하여 설명하시오.

- 그랩 스타트(grab start)는 과거 스타트대에 뒷발판이 도입되기 전에 하였던 일반적인 스타트 방법으로, 양발을 데크에 가지런히 놓고 뛰기 때문에 안정적이고 힘차게 뛸 수 있다.
- 크라우칭 스타트(crouching start)는 육상의 출발에서 도입된 스타트 방법으로, 한 발은 데크에 발가락을 걸고 다른 한 발은 뒤쪽에 위치하여 뛰는 방법이다. 그랩 스타트에 비해 빠르게 뛰어나갈 수 있다는 장점이 있어 현재는 대부분의 선수들이 크라우칭 스타트를 구사한다.
- 배영 스타트는 물속에 입수하여 스타트대에 손잡이를 잡고 출발하는 방법이다.

07 국제규격 수영장의 레인 규격과 레인별 색상에 대하여 설명하시오.

- 레인은 올림픽의 경우 8개, 세계선수권의 경우 10개이다.
- 길이는 가로 25m, 세로 50m이다.
- 레인 폭은 2.5m이다.
- 로프 직경은 5~11cm이다.
- 레인별 코스로프 색상
  - 올림픽은 1·8번은 초록, 2·3·6·7번은 파랑, 4·5번은 노랑이다.
  - 세계선수권(0~9레인일 경우): 0·9번은 초록, 1·2·3·6·7·8번은 파랑, 4·5번은 노랑이다.

Chapter 03 수영의 세부 종목

1 수영(swimming)의 소개

1. 수영

수영은 스포츠의 대표적 기초 종목으로서 경기 종류에 따라 크게 경영(競泳), 다이빙, 아티스틱 스위밍, 수구(水球), 오픈 워터(open water), 하이 다이빙의 총 6가지의 종목으로 분류. 대체적으로 알고 있는 수영 경기는 경영 종목을 통칭하며 다이빙, 아티스틱 스위밍, 수구, 오픈워터, 하이 다이빙은 별도로 언급되기도 함. 국제수영연맹에서 경영 종목을 지칭하는 영어도 우리말로 수영을 뜻하는 '스위밍(swimming)'과 동일

① 기록경기를 통하여 순위를 결정하는 종목 "경영"

② 상대방의 골대에 골을 넣어 경기하는 종목 "수구"

③ 음악에 맞추어 기술을 선보이는 종목 "아티스틱 스위밍"

④ 플랫폼에서 다이빙하여 여러 기술을 선보이는 종목 "플랫폼 다이빙"

⑤ 남자 27m, 여자 20m 높이에서 다이빙하여 발로 입수하는 종목 "하이 다이빙"

⑥ 바다, 호수에서 수영하는 종목 "오픈워터 스위밍"

2. 경영

(1) 개인종목

경영 종목으로는 우리가 흔히 알고 있는 수영을 얘기하며 접영, 배영, 평영, 자유형, 개인혼영으로 총 5가지의 종목으로 구성

① 자유형(Freestyle stroke/Crawl stroke): 자유형은 이름 그대로 자유롭게 할 수 있는 수영의 형태. 보통 자유형이라고 부르는 것은 크롤 영법을 말하며, 이는 저항이 적고 속도가 가장 빠르기 때문에 지금까지의 자유형의 자세로 이어지고 있음. 자세로는 두 팔을 끊임없이 교대로 움직이며 물을 저어가고, 두 다리는 상하로 움직이며 물을 뒤편으로 밀어냄으로써 계속적인 추진력을 얻을 수 있는 가장 빠른 영법

> **참고**
>
> **스트로크 순서**
> 엔트리(입수) - 캐치(잡기) - 풀(당기기/누르기) - 푸시(밀기) - 피니시(밀어내기) - 리커버리(되돌리기) 순으로 진행

② 배영(Back crawl stroke): 배영은 누워 뜬 자세로, 자유형과 마찬가지로 양팔과 양다리를 번갈아 가며 움직이고 바로 누운 자세로 얼굴은 항상 수면 위에 내놓고 역영. 그러나 출발이나 턴 후 15m 이내 거리에서 선수는 완전히 물속에 잠기는 경우를 제외하고, 15m 이내에 머리가 수면에 나와야 함. 역영을 끝낼 때에는 누운 자세로 벽에 터치해야 하며 등이 보이면 안 됨

> ● 참고 ●
>
> **롤오버턴(Roll over turn)**
> 배영 시 진행하는 턴 방법으로, 배영으로 가다가 벽 앞에서 엎드린 자세로 플립턴을 하여 벽을 찬 후 누워서 나가는 턴

③ 평영(Breast stroke): 4가지의 동작 중 스트로크의 크기가 가장 작기 때문에 기록이 제일 느림. 개구리 영법으로 두 팔과 두 다리를 오므렸다가 팔은 앞으로 다리는 뒤로 펴는 영법. 호흡할 때 외에는 얼굴을 물에 넣고 유선형 자세를 잡아 속도를 냄. 스타트 또는 턴 후 평영 잠영을 할 때 돌핀킥 1번, 풀동작 1번, 평영킥 1번만이 허용됨

> ● 참고 ●
>
> 접영, 배영, 자유형의 돌핀킥 허용 거리는 15m까지이며, 평영은 한 번의 돌핀킥과 한 번의 스트로크, 한 번의 평영킥만이 허용되기 때문에 4종목 중 유일하게 잠영의 거리제한이 없음

④ 접영(Butterfly stroke): 풀동작은 양팔을 함께 돌리며 킥을 양다리를 붙인 상태로 같이 차며, 킥의 형태는 돌핀킥의 형태와 같음. 접영의 몸의 자세는 자유형이나 배영의 몸의 자세와는 많은 차이가 있는데, 자유형과 배영의 영법에서는 좌우 몸의 롤링(rolling)을 하더라도 몸의 중심이 이동하지 않음. 그러나 평영과 접영은 양발을 모은 상태에서 상하로 발차기를 할 때 허리를 움직임으로 나오는 파동성이 무릎을 통해 발끝까지 전달되어 물을 밀어내는 원리이므로 허리를 상하로 움직이게 됨. 이때 허리가 움직이면 중심점이 변하게 되므로 몸은 상하의 방향으로 이동하게 됨

> ● 참고 ●
>
> 접영의 입수동작부터 되돌리기 동작까지는 엔트리(입수) - 푸시(누르기) - 캐치(잡기) - 스컬링풀(잡아당기기) - 피니시(밀어내기) - 리커버리(되돌아오기) 순서로 진행

⑤ 개인혼영(individual medley): 경영 종목의 하나. 한 명의 선수가 전 종목을 접영 - 배영 - 평영 - 자유형의 순서대로 역영. 거리는 200m와 400m가 있음

(2) 단체종목

단체종목으로는 각 팀마다 4명의 선수가 한 팀으로 구성됨. 계영과 혼계영은 동성으로 4명이 한 팀, 혼성계영과 혼성혼계영은 남자 2명, 여자 2명의 인원으로 구성하여 진행

① 계영(400m, 800m): 남자 선수 4명 또는 여자 선수 4명(동성)이 자유형으로 하는 경기 종목. 400m는 개인당 100m씩 역영, 800m는 개인당 200m씩 역영

② 혼계영(400m): 남자 선수 4명 또는 여자 선수 4명(동성)이 배영, 평영, 접영, 자유형 순으로 각각 100m씩 한 영법으로 나눠서 역영하는 종목

③ 혼성 계영(400m): 남자 선수 2명, 여자 선수 2명(혼성)이 자유형으로 각각 100m씩 역영하는 종목

④ 혼성 혼계영(400m): 남성 2명, 여성 2명이 배영, 평영, 접영, 자유형 순으로 각각 100m씩 한 영법으로 나눠서 역영하는 종목

3. 국제대회 종목

(1) 올림픽

종목	남	여
자유형	50m, 100m, 200m, 400m	50m, 100m, 200m, 400m
	800m, 1500m	800m, 1500m
배영	100m, 200m	100m, 200m
평영	100m, 200m	100m, 200m
접영	100m, 200m	100m, 200m
개인혼영	200m, 400m	200m, 400m
계영	400m, 800m	400m, 800m
혼계영	400m, 800m	400m, 800m
혼성 혼계영	400m	400m

※ 50m 수영장에서 수립된 기록만 인정
※ 예선과 준결승은 10개 레인을 이용하여 진행할 수 있고, 결승은 8개 레인만 사용

(2) 세계수영선수권대회(50m)

종목	남	여
자유형	50m, 100m, 200m, 400m	50m, 100m, 200m, 400m
	800m, 1500m	800m, 1500m
배영	50m, 100m, 200m	50m, 100m, 200m
평영	50m, 100m, 200m	50m, 100m, 200m
접영	50m, 100m, 200m	50m, 100m, 200m
개인혼영	200m, 400m	200m, 400m
계영	400m, 800m	400m, 800m
혼계영	400m, 800m	400m, 800m
혼성 단체전	계영 400m, 혼계영 400m	계영 400m, 혼계영 400m

※ 50m 수영장에서 수립된 기록만 인정
※ 예선과 준결승은 10개 레인을 이용하여 진행할 수 있고, 결승은 8개 레인만 사용

(3) 세계수영선수권대회(25m)

종목	남	여
자유형	50m, 100m, 200m, 400m	50m, 100m, 200m, 400m
	800m, 1500m	800m, 1500m
배영	50m, 100m, 200m	50m, 100m, 200m
평영	50m, 100m, 200m	50m, 100m, 200m
접영	50m, 100m, 200m	50m, 100m, 200m
개인혼영	100m, 200m, 400m	100m, 200m, 400m
계영	200m, 400m, 800m	200m, 400m, 800m
혼계영	200m, 400m	200m, 400m
혼성 단체전	계영 200m, 혼계영 200m	계영 200m, 혼계영 200m

※ 25m와 50m 수영장에서 수립된 기록이 인정
※ 예선과 준결승은 10개 레인을 이용하여 진행할 수 있고, 결승은 8개 레인만 사용

(4) 세계 주니어수영선수권대회

종목	남	여
자유형	50m, 100m, 200m, 400m	50m, 100m, 200m, 400m
	800m, 1500m	800m, 1500m
배영	50m, 100m, 200m	50m, 100m, 200m
평영	50m, 100m, 200m	50m, 100m, 200m
접영	50m, 100m, 200m	50m, 100m, 200m
개인혼영	200m, 400m	200m, 400m
계영	400m, 800m	400m, 800m
혼계영	400m	400m
혼성 단체전	계영 400m, 혼계영 400m	계영 400m, 혼계영 400m

※ 50m 수영장에서 수립된 기록만 인정
※ 예선과 준결승은 10개 레인을 이용하여 진행할 수 있고, 결승은 8개 레인만 사용

(5) 경영 월드컵

국제수영연맹 경영 월드컵의 프로그램은 국제연맹에서 연단위로 따로 정의

4. 경영 레인 배정 순서

예선 경기 기록을 바탕으로 가장 빠른 선수를 풀 가운데 레인에 배정하는 방식으로 1레인 7위, 2레인 5위, 3레인 3위, 4레인 1위, 5레인 2위, 6레인 4위, 7레인 6위, 8레인에 8위와 같이 배정됨

레인	1레인	2레인	3레인	4레인	5레인	6레인	7레인	8레인
순위	7위	5위	3위	1위	2위	4위	6위	8위

2 수구

1. 수구(水球)는 수중에서 공을 갖고 행해지는 구기 종목. 골키퍼를 포함해 일곱 명으로 구성된 두 팀이 수영장 내에 만들어진 경기장에서 서로의 골에 공을 넣어 더 많은 득점을 기록한 팀이 승리하게 되는 것으로, 경기 방식이 핸드볼과 유사. 몸의 대부분이 수중에 있어야 하기 때문에 반칙은 행하기 어렵고, 잡고 차는 행위가 일상적으로 발생해 '수중 격투기'라고도 부름. 현재 하계 올림픽의 정식 종목이며, 동남아시아 국가 중에서는 싱가포르에서 매우 인기가 있음

2. 경기시설

경기장은 길이 30m, 너비는 20m의 직사각형. 경기장 양쪽 끝에 너비 3m, 높이 0.9m의 골대를 세우며, 수심은 2m 이상. 골대와 나란히 그리는 골라인과 경기장 중앙의 하프 라인은 흰색으로 표시, 골라인으로부터 2m 지점과 5m 지점에 각각 빨간색 라인과 노란색 라인을 표시. 선수석 앞 빨간 지역은 선수들의 교체 및 입수 대기 장소

3. 경기방식

① 정해진 시간 8분 4쿼터(세트 간 휴식 2분, 5분, 2분) 안에 상대편 골에 얼마나 여러 번 공을 넣느냐로 승부를 가림

② 한 팀당 총 13명(선발 선수 7명, 교대 선수 6명)으로, 각 선수의 포지션은 헤드기어에 붙인 번호로 구별. 즉, 1번·13번 골키퍼, 2번 레프트 백, 3번 라이트 백, 4번 하프 백, 5번 레프트 포워드, 6번 센터 포워드, 7번 라이트 포워드. 골키퍼는 빨간색 헤드기어만 착용할 수 있음

③ 각 피리어드를 시작할 때 자기 진영의 골라인 위에 위치하고 있다가, 심판원의 신호와 동시에 출발하여 경기장의 중앙에 놓인 공을 먼저 잡아 상대편 골에 넣기 시작. 경기 도중 사고가 발생하면 심판원의 판단으로 선수를 교체시킬 수 있음

4. 경기규칙

(1) 메이저 파울

상대를 때리거나 차는 행위. 또는 물속으로 가라앉히거나 프리 스로를 방해하는 등 거친 행위. 메이저 파울을 1회 하면 20초간 퇴장, 3번 되풀이하면 경기가 끝날 때까지 참가 금지. 특히 득점할 수 있는 지역인 5m 라인 안에서 반칙을 범하면 상대팀에게 페널티 스로가 주어짐

(2) 오디너리 파울

오프사이드를 비롯하여 두 손으로 동시에 공을 잡거나, 물을 끼얹는 등의 가벼운 반칙. 상대팀에게 프리 스로를 줌. 단, 골키퍼에게만은 오디너리 파울이 적용되지 않음. 다만, 공을 4m 라인 너머로 던졌을 때에는 가장 가까이에 있는 상대편 선수에게 프리 스로가 주어지며, 골키퍼는 4m 라인 밖에서는 공에 손을 댈 수 없음

3 아티스틱 스위밍

1. 아티스틱 스위밍은 수중 발레라고도 불리며, 음악에 맞춰 수영·발레와 체조를 조화시켜 만든 동작을 연기하는 경기 종목. '싱크로나이즈 스위밍(Synchronized Swimming)'이라는 종목명으로 불렸지만, 2017년 대중의 관심을 높이기 위하여 종목을 좀 더 직관적으로 묘사한 '아티스틱 스위밍(Artistic Swimming)'으로 개칭

2. 경기방식

한 명이 연기하는 솔로(solo) 경기, 두 명이 함께 하는 듀엣(duetto) 경기, 4~8명이 경기하는 팀(team) 종목이 있고 피겨 루틴, 테크니컬 루틴, 프리 루틴으로 나누어 연기

(1) 피겨 루틴

이는 규정 종목을 이야기하는 것으로 이미 선정이 돼 있는 7개의 규정 그룹, 즉 각 그룹에는 기본이 되는 4개 동작이 포함되어 있는데, 대회 직전에 추첨으로 한 그룹을 선택해서 전 선수가 연기를 함. 선수들은 4개의 규정 종목을 연기해야 함

(2) 프리 루틴

말 그대로 안무나 음악에 제한이 없음. 복장, 메이크업은 아티스틱 스위밍 규정에 어긋나지 않는 한도 내에서 아름답게 또는 작품의 특성에 알맞게 예술성을 살려 제작

(3) 테크니컬 루틴

필수 요소를 꼭 포함하여야 하며, 음악은 제한 없이 자유롭게 사용 가능. 스포츠에 적합한 수영복과 머리장식, 간단한 화장을 허용

4 다이빙

1. 다이빙(diving)은 다이빙 타워나 스프링보드에서 점프하여 물속으로 뛰어드는 스포츠로, 때로는 곡예의 일종으로서 행해지기도 함. 1904년 하계 올림픽 때부터 올림픽 경기 종목으로 채택. 전문적인 스포츠로서의 다이빙은 체조와 유사한 부분이 많아서 힘과 유연성, 반사 신경 그리고 공중에서의 평형감각 등이 고루 요구됨. 전문적인 경기 형태 이외에도 놀이를 위한 목적으로도 널리 행해짐

2. 경기방식

전문적인 경기로서 행해지는 다이빙은 1m 및 3m 스프링보드 다이빙과 플랫폼 다이빙의 세 가지 종목으로 분류, 공식 경기는 일반적으로 성별과 연령대별 부문으로 분류. 플랫폼다이빙에서 선수는 5m, 7.5m, 10m 타워 중 하나에서 점프하며, 하계 올림픽과 같은 메이저 경기에서는 10m 타워만을 사용

3. 경기종류

(1) 스프링보드 다이빙

남녀 모두 제한 선택 5개 및 자유 선택 5개로, 총 10종목

(2) 플랫폼 다이빙

남자는 제한 선택 6개 및 자유 선택 4개로, 총 10종목, 여자는 제한 선택 3개 및 자유 선택 3개로, 총 6종목

(3) 싱크로나이즈드 다이빙

싱크로나이즈드 다이빙(Synchronized diving)은 두 명의 선수가 동시에 다이빙을 구사하는 종목. 2000년 하계 올림픽에서 처음 정식 종목으로 채택. 일반적으로 두 선수의 다이빙 동작은 서로 동일하나, 때때로 서로 반대 방향으로 연기하기도 하는데 이를 핀 휠(pinwheel)이라 부름. 이 종목에서는 다이빙의 기술적 수준뿐만 아니라 두 선수가 얼마나 완벽히 일치하는 동작을 보여주었는지에 따라(동시성) 점수가 부여됨

5 하이 다이빙

1. 하이 다이빙(High Diving)은 수영, 그중에서도 다이빙 종목의 한 종류로서, 일반 다이빙이 1m, 3m, 10m의 스프링보드나 플랫폼에서 점프하여 승부를 겨루는 데 반해 20m, 27m의 플랫폼에서 점프하여 승부를 겨루는 스포츠 종목. 암벽이나 절벽에서 뛰어내리는 절벽 다이빙에서 유래한 것으로 알려져 있으며, 국제수영연맹(FINA)은 일반 다이빙과 별개로 하이 다이빙을 종목으로 지정해 2013년 바르셀로나 세계수영선수권대회부터 정식 종목으로 치르고 있음

2. 경기방식

① 하이 다이빙 선수들은 남성 27m, 여성 20m 높이의 다이빙 플랫폼이 설치된 타워에서 지름 17m, 깊이 6m의 물속으로 다이빙해 3초 이내에 발이 수면에 닿아야 함

② 경기는 두 개 세션으로 나뉘어 한 세션에 두 번씩 다이빙함. 남자 경기는 첫날에 세션 1을 셋째 날에 세션 2를, 여자 경기는 첫날에 세션 1을 둘째 날에 세션 2를 실시. 총 4회 다이빙을 수행하게 되는데 각 시도마다 7명의 심판이 점수를 부여해 최하점 2개와 최고점 2개를 뺀 중간치인 3개 점수에 난도를 곱해 총점을 냄

6 오픈워터 스위밍(openwater swimming)

1. 오픈워터 스위밍은 강과 바다, 호수 등 자연의 물속에서 행해지는 장거리 수영 경기. 선수층은 수영과 수구 경험자가 많지만, 경기는 날씨와 갯벌 생물 등 외부에서 다양한 영향을 받기 쉽기 때문에 빨리 수영하는 기술뿐만 아니라 자연 속에서 수영을 위한 지식과 경험 등이 요구됨

2. 종목

남자 여자 모두 5km, 10km, 25km, 팀 릴레이 5km

3. 수온 및 수심

오픈워터 수온 16~31℃, 수심 1.4m 이상

pass.Hackers.com

구술 기출문제　Chapter 03 수영의 세부 종목

01　수영의 종류에 대하여 설명하시오.

 수영은 스포츠의 대표적 기초 종목으로서 경기 종류에 따라 크게 경영, 다이빙, 아티스틱 스위밍, 수구, 오픈워터, 하이 다이빙 총 6가지의 종목으로 분류한다.

02　경영 종목에 대하여 설명하시오.

 경영 종목으로는 접영, 배영, 평영, 자유형, 개인혼영으로 총 5가지의 종목이 있다.
- 자유형(Freestyle stroke/Crawl stroke): 스트로크는 엔트리(입수) - 캐치(잡기) - 풀(당기기/누르기) - 푸시(밀기) - 피니시(밀어내기) - 리커버리(되돌리기) 순으로 진행된다.
- 배영(Back crawl stroke): 롤오버턴(Roll over turn)은 배영 시 진행하는 턴 방법으로 배영으로 가다가 벽 앞에서 엎드린 자세로 플립턴을 하여 벽을 찬 후 누워서 나가는 턴이다.
- 평영(Breast stroke): 접영, 배영, 자유형의 돌핀킥 허용 거리는 15m까지이나, 평영은 한 번의 돌핀킥과 한 번의 스트로크, 한 번의 평영킥만이 허용되기 때문에 4종목 중 유일하게 잠영의 거리제한이 없다.
- 접영(Butterfly stroke): 입수동작부터 되돌리기 동작까지는 엔트리(입수) - 캐치(잡기) - 스컬링풀(잡아당기기) - 푸시(누르기) - 피니시(밀어내기) - 리커버리(되돌아오기) 순서이다.
- 개인혼영(individual medley): 경영 종목의 하나이며 한 명의 선수가 전 종목 접영·배영·평영·자유형의 순서대로 역영하며 거리는 200m와 400m가 있다.

03 경영 단체종목에 대하여 설명하시오.

- 계영(400m, 800m): 남자 선수 4명 또는 여자 선수 4명(동성)이 자유형으로 하는 경기 종목으로, 400m는 개인당 100m씩 역영하며 800m는 개인당 200m씩 역영한다.
- 혼계영(400m): 남자 선수 4명 또는 여자 선수 4명(동성)이 배영, 평영, 접영, 자유형 순으로 각각 100m씩 한 영법으로 나눠서 역영하는 종목이다.
- 혼성 계영(400m): 남자 선수 2명, 여자 선수 2명(혼성)이 자유형으로 각각 100m씩 역영하는 종목이다.
- 혼성 혼계영(400m): 남성 2명, 여성 2명이 배영, 평영, 접영, 자유형 순으로 각각 100m씩 한 영법으로 나눠서 역영하는 종목이다.

04 경영 레인 배정 순서에 대하여 설명하시오.

예선 경기 기록을 바탕으로 가장 빠른 선수를 풀 가운데 레인에 배정하는 방식으로 1레인 7위, 2레인 5위, 3레인 3위, 4레인 1위, 5레인 2위, 6레인 4위, 7레인 6위, 8레인에 8위가 배정된다.

레인	1레인	2레인	3레인	4레인	5레인	6레인	7레인	8레인
순위	7위	5위	3위	1위	2위	4위	6위	8위

Chapter 04 수영 지도방법 및 안전수칙

01 수영 지도방법

1 지도방법

1. 지도 및 기초
① 지도자로서 수영에서 가장 중요시해야 할 것 중 하나는 안전
② 수영 지도 시 가장 중요한 것은 대상자로부터 물에 대한 공포심을 없애고 물에 대한 적응력과 뜨는 방법, 수영의 기본 영법을 지도하여야 함

2. 준비운동
준비운동을 하면 체온상승, 혈액순환, 체내 신진대사 활성화, 신체의 유연성과 관절 가동성 확대를 통해 운동 시 발생할 수 있는 부상을 예방할 수 있음
① 체온상승, 혈액순환, 체내 신진대사를 높여 운동 시 발생할 수 있는 부상을 예방해 줌
② 준비운동은 앞으로 큰 자극이 가해질 것이라는 예비신호로써, 격렬한 주운동 시 발생할 수 있는 부상을 예방하고자 하는 것
③ 심장 손상의 위험성을 예방하며 관절이나 근육에 자극을 주어 젖산을 제거하고 본 운동에서 효과를 볼 수 있음
④ 체온을 올려 근육 온도를 높여 모세혈관 확장, 혈액순환 촉진, 부상 방지, 혈액순환을 도와 근육 기능향상, 호흡 기능 및 체내 신진대사 향상, 유연성 부여, 관절 가동범위 확대

2 훈련 용어

1. 훈련자세 용어

스트림 라인	몸을 물의 흐름과 같게 유지하는 자세로, 유선형은 물의 저항을 최소화할 수 있는 자세
캐치	손을 입수하고 글라이드를 한 후 물을 당기기 직전에 손으로 물을 잡는 동작
풀	팔 젓기 동작 중 물을 잡아당기는 동작
푸시	팔 동작의 마지막 단계에서 풀 동작을 하고 손으로 물을 밀어내는 동작
피니시	풀 동작에서 마지막 단계인 푸시 동작을 마치고 손이 물 밖으로 나오는 마무리 동작
하이엘보	풀 동작을 할 때 팔꿈치를 손보다 높게 하여 추진력을 발생시키고 리커버리 때에는 팔이 휴식을 취하고 회전 거리를 작게 함으로써 비효율적인 에너지 낭비를 막는 동작
리커버리	한 번의 풀 동작이 끝난 후 되돌아오는 팔의 동작으로 힘을 쓰지 않는 휴식시간(되돌리기라고도 표현)
글라이드	유선형의 자세로, 팔과 다리를 움직이지 않고 물속으로 미끄러지는 동작. 턴 후나 다이빙 직후, 평영의 리커버리 동작 후에도 글라이드를 함

롤링	자유형과 배영을 할 때 몸 중심선을 기준으로 몸통을 좌우로 움직여 저항을 최소로 하며 팔 동작을 효율적으로 하기 위해 사용하는 기술
플러터 킥	물속에서 자유로운 자세를 취하고 두 다리를 교대로 움직여 발로 물을 차는 동작, 자유형 킥
돌핀킥	접영의 발차기 동작으로 돌고래 꼬리 동작의 움직임과 유사
배설로 킥	배영 스타트 직후부터 누워서 돌핀 킥의 형태로 차는 킥으로 미국의 수영선수 배설로가 고안하였고, 1988년 서울 올림픽 이후에는 스타트 후 15미터 이상하지 않도록 금지됨

2. 훈련방법 용어

워밍업	훈련 전 몸을 풀어주는 기초 운동, 킥과 풀, 드릴, 스윔을 섞어 40~50% 강도로 가볍게 수영하며 몸을 풀어주는 준비운동
이지	높은 강도의 운동 사이에 행하는 동적 휴식, 근육에 젖산이 쌓여 다음 훈련에 방해가 되지 않게 하려는 목적으로 진행
다운	훈련 후 마지막 정리운동, 킥, 풀, 드릴, 스윔 등을 섞어 40~50% 강도로 훈련을 마치는 마지막 정리 운동
인터벌 트레이닝	거리, 횟수, 시간의 변화를 주어 높은 강도의 운동 사이에 불완전 휴식을 갖는 지구력 및 속도 훈련. 일정한 휴식 기간을 두고 하는 운동으로 운동과 운동 사이 신체가 회복되기 전에 다시 부하를 주는 근지구력 강화 훈련
디센딩 트레이닝	속도를 점점 증가시키는 훈련으로 점진적 속도 강화 조절 훈련
브로큰 트레이닝	수영 훈련 시 일정한 거리를 몇 개로 구분하여 짧은 휴식(5-10초)을 가지며 반복(자신의 최고 기록을 잘라서 훈련하는 방식) 예 50m * 30초 수행 후, 10초 쉬고 다시 50m를 30초 안에 들어오는 훈련방법
네거티브 트레이닝	전반 구간보다 후반 구간을 더 빠르게 하는 훈련방법
하이폭식 트레이닝	스트로크 수에 맞추어 호흡을 제한하는 훈련, 호흡을 제한하는 무산소 훈련을 통한 근지구력과 심폐지구력을 강화할 목적으로 진행
노 브레싱	무호흡 훈련, 하이폭식과 같은 무산소 운동으로 스프린트 훈련에서 매우 중요한 훈련방법
스컬링	팔을 저어 몸을 띄우는 기술, 물속에서 팔을 저으며 물 잡는 감각 익히는 데 많은 도움이 됨
드릴	각 종목별 영법 교정으로 잘못된 한 가지 부분을 집중적으로 반복하며 자세를 교정하는 훈련방법
스프린트	짧은 거리를 빠르게 역영하는 단타성 훈련방법
스타트 대시	수중 밖에서 스타트하여 빠르게 수영하는 강도 높은 훈련방법
올 아웃	스프린트 훈련 시 자신의 모든 힘을 다 소진하는 운동 강도로 훈련해야 함

3. 훈련강도 용어

기초 지구력 훈련	맥박 120 정도 가벼운 훈련. 기초 지구력 훈련에 필수
역치 지구력 훈련	맥박 150 정도의 훈련. 약간 숨이 찰 정도의 강도
과부화 지구력 훈련	맥박 180 정도의 최대산소 섭취훈련
젖산 내성 훈련	자신의 능력 최대치 이상의 강도
파워 훈련	최대 속도를 내는 파워 속도 훈련

3 트레이닝론

1. 트레이닝의 목적
종합적인 신체기능의 향상과 체력증진, 종목과 관련된 수행능력 향상, 기술적인 요소의 향상

2. 트레이닝의 원리

점진성의 원리	신체는 시간과 자극의 강도에 따라 적응이 달라지기 때문에 일정 시간을 두고 운동의 질과 양을 단계적으로 증가시키는 것을 의미
과부하의 원리	• 근력 트레이닝에서 기본적으로 적용하는 방법. 신체가 받는 과부하에 대한 적응력, 다시 말해 훈련(부하)을 받으면 첫 반응(적응)이 오고 부하를 멈추면 회복을 하게 됨 • 적응과 회복의 반복이 선수의 체력을 향상시켜 줌
개별성의 원리	• 스포츠 종목의 특수성과 선수 개인의 능력, 특성, 잠재력을 고려하여 개별적으로 트레이닝을 실시하여야 함 • 선수들마다 심리적, 생리적 요인이 다르고 트레이닝에 대한 경험도 다르기 때문에 트레이닝을 실시하기 전에 각 선수를 분석하는 것이 중요
특수성의 원리	스포츠 종목별로 수행되는 능력이 다르기 때문에 종목의 특성 및 에너지 체계를 고려하여 트레이닝 프로그램이 계획되어야 함
다양성의 원리	• 선수들이 지루해하지 않도록 새로운 트레이닝 프로그램을 개발하고 환경을 변화시켜 참여 의욕을 높여야 함 • 신체가 변화에 적응할 수 있도록 휴식기간을 포함하도록 함
가역성의 원리	신체는 사용하지 않으면 퇴화하기 때문에, 운동부하를 조절하는 등 트레이닝의 조건에 따라 효과를 높일 수 있는 것을 의미
의식성의 원리	경기 수행의 성공 여부와 관련 있기 때문에 선수들이 능동적이고 의욕적으로 트레이닝 훈련에 참여할 수 있게 하는 것을 의미

3. 트레이닝의 종류
트레이닝은 리피티션, 인터벌, 컨티뉴티, 웨이트, 루트, 이미지 트레이닝 등이 있고 생활체육에서는 수영인에게 익숙한 인터벌 트레이닝, 루트 트레이닝, 이미지 트레이닝 등을 주로 활용

(1) 형식에 따른 분류
① 리피션 트레이닝(Repeation Training): 운동과 운동 사이에 완전한 휴식을 취하면서 트레이닝하는 방법
② 인터벌 트레이닝(Interval Training): 근지구력, 전신 지구력, 스피드, 심폐지구력 등의 발달을 위해 거리, 횟수, 시간에 변화를 주어 고강도 운동과 저강도 운동 사이에 불완전한 휴식을 넣어 연속으로 시행하는 것. 주요 훈련방법으로는 디센딩, 네거티브스피릿, 하이폭식 트레이닝, 브로큰 스윔 등이 있음
- 거리, 횟수, 시간에 변화를 주어 고강도 운동과 운동 사이에 불완전한 휴식을 넣어 연속으로 시행
- 고강도와 저강도 운동 번갈아가며 실시
- 일정 휴식 후 신체가 회복되기 전에 다시 부하를 주는 근지구력 강화훈련
- 전신 지구력과 스피드 발달에 도움
- 근력, 근지구력, 심폐지구력 발달에 도움

③ 컨티뉴티 트레이닝(Continuity Training): 한번 시작하면 휴식 없이 트레이닝하는 방법

(2) 트레이닝 종류별 훈련방식

트레이닝 종류		훈련방식
수중 훈련	디센딩	• 인터벌 연습으로 휴식 없이 속도를 점점 증가시키는 훈련으로 점진적 속도 강화 조절 훈련 • 인터벌 훈련의 한 방법으로, 앞에 수행한 속도보다 다음 수행하는 속도를 점점 빠르게 진행하는 것
	네거티브스피릿	속도와 페이스 배분을 몸에 익히기 위하여 일정 거리를 수영하는데 전반보다 후반을 빨리 하도록 하여 정신력과 지구력을 강화하는 훈련 예 1분 50m - 전반 25m 35초, 후반 25m 25초
	하이폭식 트레이닝	수영 중 스트로크 수에 맞춰 호흡수를 제한하는 연습방법으로, 심폐기능 및 근육의 피로 회복 능력 강화
	브로큰 스윔	전력으로 수영하고 짧은 휴식을 반복하는 훈련(휴식 10초 내외)으로 젖산을 생기게 하여 인내력 증가
지상 훈련	웨이트 트레이닝 (Weight Training)	• 바벨 따위의 무거운 기구를 써서 하는 운동 • 근력(筋力)의 강화를 위한 것으로, 각종 경기의 보조 운동으로 실시
	아이소메트릭 트레이닝 (Isometric Training)	• 등척성 트레이닝 정적 훈련방법 • 근육의 수축을 이용한 근력 트레이닝 방법으로서 특별한 장비 없이 고정된 물체를 여러 자세로 전력을 다하여 밀거나 당김
	컴바이트 트레이닝 (Combite Training)	종합운동으로서 두 명 또는 여러 명이 한 조를 이루어 여러 가지 운동방법으로 기초체력을 향상시키는 훈련방법
	루트 트레이닝 (Route Training)	• 집중훈련으로 자기가 목표한 루트를 오르기 위해 그 루트에서 필요한 비슷한 동작을 할 수 있도록 인공적인 홀드를 설치해 놓고 훈련하는 것 • 실제 루트를 계속 등반하기 어려운 현실을 고려하여 개발된 방법
	이미지 트레이닝 (Image Training)	• 상상으로 실전 현실을 떠올리며 훈련하는 방법 • 심리적으로 안정을 찾고 의지와 집중력을 향상시키는 정신운동

4. 무산소, 유산소 에너지 트레이닝

(1) 무산소 에너지 트레이닝

스프린트와 같이 최대의 힘이 발휘되어야 하는 스포츠 종목에서 짧은 시간 동안의 격렬한 근수축은 근력의 향상을 가져오며 ATP-PCr 시스템의 효소를 증가시킴. 또한 30초 동안의 격렬한 운동에 의한 무산소 단련은 해당과정 효소의 활성에서 한정적인 향상을 거둠

(2) 유산소 에너지 트레이닝

유산소 트레이닝은 모세혈관의 증가로 근섬유에 더 많은 혈액을 공급하고, 지방과 글리코겐 저장량의 증가로 지구력을 향상시키며 미토콘드리아의 숫자와 크기가 증가. ATP가 더 빨리 생산되도록 하는 무산소 트레이닝과는 달리 그 효과가 명확함

4 지도대상별 지도방법

1. 유아 수영 지도

유아 수영 지도 시 가장 중요한 것은 물에 대한 안정감과 즐거움을 느끼게 해주는 것. 아이들은 대체적으로 집중력이 쉽게 떨어지기 때문에 놀이 위주로 수업을 진행하여 수업에 흥미를 느끼게 해주어야 함

① 생후 1년부터 만 6세 이하의 아이로, 집중력이 떨어지므로 안전을 최우선으로 지도해야 함
② 가장 먼저 물에 대한 공포심, 두려움 없애주고 흥미를 주기 위해 강습과 놀이를 병행하여 지도해야 함
③ 수업의 내용 면에서 물 적응하기, 물놀이, 흥미 유발을 위한 게임, 영법지도의 순서로 지도해야 함

2. 수영 초보자 지도방법

① 물과 친해지기 - 호흡법 - 물에 뜨기 - 발차기 - 팔 동작 - 콤비네이션 순서
② 연령, 성별, 나이, 배우는 목적에 따라 난이도와 강도를 조절하여 지도

3. 물에 뜨는 방법

물에 뜨는 방법은 새우등 뜨기, 쪼그려 뜨기, 수평 뜨기, 누워 뜨기, 해파리 뜨기 등이 있음

① 새우등 뜨기, 쪼그려 뜨기: 엎드려 무릎을 양팔로 감싸는 자세
② 수평 뜨기: 양팔을 벌리고 귀 옆쪽에 팔을 붙이는 자세
③ 누워 뜨기: 편하게 누워서 양팔과 다리를 벌린 자세
④ 해파리 뜨기: 엎드려 양팔과 다리를 넓게 벌리는 자세

5 수영 역학 교육법

1. 부력과 저항

(1) 수영 지도 시 부력의 역할과 저항의 종류, 추진력에 대한 원리를 설명해야 함
(2) 사람이 숨을 들이마시면 폐에 공기가 들어가게 되면서 부력이 좋아져 더 잘 뜰 수 있게 되기 때문에 그에 따른 호흡법을 지도해야 함
(3) 물체가 전진하는 힘에 반대되는 물살의 저항이 발생하기 때문에 이 저항을 밀치고 나가는 추진력이 필요하고 추진을 위해서는 진행 방향으로 전진할 때 전면에서의 저항보다 팔로 물을 당기며 밀고, 다리로 물을 차는 힘을 기를 수 있도록 지도하여야 함

2. 부력과 저항의 종류

(1) 부력의 종류

양성부력	물체의 무게가 밀어낸 물보다 가벼워 물에 뜨는 것
중성부력	물체의 무게가 밀어낸 물과 같아 물위에 뜨지도 가라앉지도 않는 것
음성부력	물체의 무게가 밀어낸 물보다 무거워 물에 가라앉는 것

(2) 저항의 종류

전면저항	몸이 앞으로 나아가는 움직임에 의해 몸의 전면에서 물결이 발생되면서 생기는 저항
마찰저항	수중에서 인체의 표면에 작용하는 저항으로 몸의 굴곡상태, 피부의 마찰, 수영복, 머리카락 등 신체와 물 분자 간의 마찰로 생기는 저항
견인저항	수영을 할 때 정반대로 몸의 후방에서 생기는 소용돌이 모양의 저항으로 물의 역류에 의해 끌어 당겨지는 느낌의 저항
형태저항	수영을 할 때 몸의 형태가 변하면서 발생하는 저항. 유선형을 유지하지 않으면 저항이 증가됨

02 안전수칙 및 대처방법

1 수영장 안전수칙

(1) 미끄러져 낙상, 뇌진탕, 골절이 일어날 수 있으므로 수영장에서 뛰지 않기

(2) 준비운동 없이 입수 시 심장마비가 올 수 있으므로 준비운동 철저하게 하기

(3) 휴식 없이 운동 시 체온이 떨어지고(저체온증) 몸에 무리가 올 수 있으므로, 체온유지를 위해 적절한 휴식 취하기(50분 수영, 10분 휴식)

(4) 한 레인에서는 한 방향으로 역영하거나 이동하기

(5) 안전요원 없이 다이빙하지 않기

(6) 각종 여닫이문이나 수영장 배수구에 발 끼임 주의하기

(7) 음주 후 수영금지, 음식이나 음료 섭취 금지

(8) 수심 알고 수영하기, 식사 1~2시간 후 수영하기

2 인명 구조

익수자 발견 시 가장 먼저 119에 신고하고 로프, 튜브 등을 던져 익수자를 구조. 구조 후 의식이 있다면 저체온증 방지를 위해 젖은 옷을 제거하고 수건 등으로 몸을 덮어주고, 만약 호흡이 없다면 구조 호흡이나 심폐소생술을 실시

(1) 익수 환자 발생 시 119와 구조대원에게 도움 요청

(2) 구조대원이 없다면 로프, 튜브 등을 던져 익수자 구조

(3) 구조 후 의식이 있다면 저체온증을 방지하기 위해 젖은 옷을 제거하고 수건으로 몸을 덮어줌

(4) 구조 후 호흡이 없다면 구조 호흡 시행

(5) 구조 호흡 후에도 반응이 없다면 심폐소생술 시행

(6) 익수 사고 발생 시 경추 손상이 동반된 경우가 많아, 최대한 목을 움직이지 않도록 주의

1. 응급처치

① 1단계: 상황파악

② 2단계: 1차 부상자 상태 조사(기도개방, 호흡 및 맥박의 확인)

③ 3단계: 구조요청(119 신고)

④ 4단계: 2차 부상자 상태 조사

2. 심폐소생술(CPR)

환자의 반응 및 호흡을 확인하고, 119에 도움을 요청하며, 전문 구조자가 도착할 때까지 머리를 젖혀 기도를 개방하고 "가슴압박 30회, 인공호흡 2회"의 비율로 심폐소생술을 계속 실시. 양쪽 어깨 힘을 이용하여 분당 100회 이상의 속도와 5cm 이상 깊이로 강하고 빠르게 30회 눌러주고, 머리를 젖힌 손의 검지와 엄지로 코를 막은 뒤 환자의 입에 숨을 2회 불어 넣음. 같은 순서로 가슴 압박과 인공호흡을 무한 반복함

① 심폐소생술은 무호흡, 무맥박일 경우 실시하는 응급처치

② 심장과 호흡 정지 4분 이내 실시 시 생존할 가능성이 높음

③ 의식·호흡 확인 및 주변 도움 요청(119 신고 및 자동제세동기) → 가슴압박 30회(분당 100회~120회/성인 기준 약 5cm 이상의 깊이) → 기도개방 및 인공호흡 2회 → 가슴압박과 인공호흡 순으로 무한 반복

3. AED(제세동기) 사용법

① 전원을 켬

② 음성이 나오며 절차를 알려 줌

③ 상체를 노출 시킨 후 우측 쇄골 아래 패드를 부착함

④ 좌측 유두 바깥쪽 아래 겨드랑이 중앙선에 패드를 부착함

⑤ 패드에 연결된 선을 기계에 꽂아 줌

⑥ "심장리듬 분석 중"이라는 멘트가 나오면 환자에게서 떨어짐

⑦ "제세동 필요합니다"라는 멘트가 나오면 버튼을 누름

⑧ 반복

pass.Hackers.com

구술 기출문제

Chapter 04 수영 지도방법 및 안전수칙

01 수영 지도 시 가장 중요한 것은?

- 지도자로서 수영에서 가장 중요시해야 할 것은 안전이다.
- 수영 지도 시 가장 중요한 것은 대상자로부터 물에 대한 공포심을 없애고 물에 대한 적응력과 뜨는 방법, 수영의 기본 영법을 지도하여야 하는 것이다.

02 운동 전 준비운동을 해야 하는 이유는?

준비운동을 하면 체온상승, 혈액순환, 체내 신진대사 활성화, 신체의 유연성과 관절 가동성 확대를 통해 운동 시 발생할 수 있는 부상을 예방할 수 있다.
- 체온상승, 혈액순환, 체내 신진대사를 높여 운동 시 발생할 수 있는 부상을 예방해준다.
- 준비운동은 앞으로 큰 자극이 가해질 것이라는 예비신호로서 격렬한 운동 시 발생할 수 있는 부상을 예방하고자 하는 것이다.
- 심장 손상의 위험성을 예방하며 관절이나 근육에 자극을 주어 젖산을 제거하고 본 운동에서 효과를 볼 수 있다.
- 체온을 올려 근육 온도를 높여 모세혈관 확장, 혈액순환 촉진, 부상 방지, 혈액순환을 도와 근육 기능향상, 호흡 기능 및 체내 신진대사 향상, 유연성 부여, 관절의 가동범위를 넓혀준다.

03 훈련방법 용어 '디센딩' 훈련방법에 대하여 설명하시오.

- 디센딩 훈련방법은 인터벌연습으로 휴식 없이 속도를 점점 증가시키는 훈련, 점진적 속도 강화 조절 훈련이다.
- 디센딩 훈련방법은 인터벌훈련의 한 방법으로 앞에 수행한 속도보다 다음 수행하는 속도를 수행할 때마다 점점 빠르게 진행하는 것이다.

04 트레이닝의 종류와 인터벌 트레이닝에 대하여 설명하시오.

- 트레이닝의 종류로는 리피티션, 인터벌, 컨티뉴티, 웨이트, 루트, 이미지 트레이닝 등이 있고, 생활체육에서는 수영인에게 익숙한 인터벌 트레이닝, 루트 트레이닝, 이미지 트레이닝 등을 주로 활용한다.
- 인터벌 트레이닝(Interval Training)은 근지구력, 전신 지구력, 스피드, 심폐지구력 등의 발달을 위해 거리, 횟수, 시간에 변화를 주어 고강도 운동과 저강도 운동 사이에 불완전한 휴식을 넣어 연속으로 시행하는 것이다.

05 수영 초보자 지도방법에 대하여 설명하시오.

- 물과 친해지기 - 호흡법 - 물에 뜨기 - 발차기 - 팔 동작 - 콤비네이션 순서이다.
- 연령, 성별, 나이, 배우는 목적에 따라 난이도와 강도를 조절하여 지도한다.

06 부력에 대하여 설명하시오.

- 양성부력은 물체의 무게가 밀어낸 물보다 가벼워 물에 뜨는 것이다.
- 중성부력은 물체의 무게가 밀어낸 물과 같아 물위에 뜨지도 가라앉지도 않는 것이다.
- 음성부력은 물체의 무게가 밀어낸 물보다 무거워 물에 가라앉는 것이다.

07 저항에 대하여 설명하시오.

- 전면저항은 몸이 앞으로 나아가는 움직임에 의해 몸의 전면에서 물결이 발생되면서 생기는 저항이다.
- 마찰저항은 수중에서 인체의 표면에 작용하는 저항으로 몸의 굴곡상태, 피부의 마찰, 수영복, 머리카락 등 신체와 물분자간의 마찰로 생기는 저항이다.
- 견인저항은 수영을 할 때 정반대로 몸의 후방에서 생기는 소용돌이 모양의 저항으로 물의 역류에 의해 끌어 당겨지는 느낌의 저항이다.
- 형태저항은 수영을 할 때 몸의 형태가 변하면서 발생하는 저항으로 유선형을 유지하지 않으면 저항이 증가된다.

08 수영장 내에서의 안전사고를 미연에 방지하기 위해서 어떠한 교육을 시켜야 할지 설명하시오.

- 수영장 시설 이용 시 주의사항 및 안전교육(수영장 시설이용 시 안전수칙)
- 깊은 수심에서 의사로 인한 안전교육
- 낮은 수심에서 스타트(다이빙)로 인한 경추손상 안전교육
- 수영장 내에서 뛰다가 발생한 뇌진탕 등의 사고 주의 안전교육

Chapter 05 월드 아쿠아틱스(World Aquatics)와 규정

1 '월드 아쿠아틱스(World Aquatics)'란?

(1) 국제수영연맹이 'FINA'에서 '월드 아쿠아틱스(World Aquatics)'로 개칭한 것으로, FINA는 지난 2022년 12월 12일 호주 멜버른에서 임시총회를 열고 2023년 1월 1일부로 모든 수상 스포츠를 의미하는 '아쿠아틱스'를 정식 명칭에 적용하기로 함. 이에 따라 1908년 창립 당시 프랑스어로 붙여진 FINA(Federation International de Natacion)는 115년 만에 새로운 브랜드로 바뀌게 됨

(2) 경영, 다이빙, 하이다이빙, 아티스틱 스위밍, 수구, 바다수영(Open Water Swimming) 등 6개 수영 종목을 주관하는 국제 경기단체. 소재지는 스위스 로잔에 위치

(3) 1908년 7월 19일 런던 올림픽 때 설립, 그 목적으로는 수영의 보급과 발전 및 국제 유대 강화. 주요 업무로서는 올림픽경기, 세계선수권대회, 아시안게임 수영 종목 부문을 운영하는 것. 올림픽은 4년에 한 번씩 개최하며 세계 선수권대회는 1973년 제1회 대회가 개최되었고 그 후 2년마다 올림픽 중간 해에 열림

2 월드 아쿠아틱스(World Aquatics) 공식 규정

1. 국제 수영장 규격

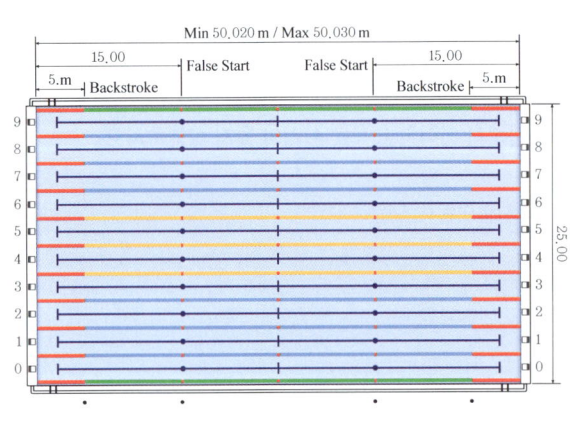

구분		특급	1급	2급	3급
규격	길이	50m	50m	50m	50m 또는 25m
	넓이	고정수영장: 25m 임시수영장: 26m	25m	좌동	16~25m, 12~25m
	수심	3m 이상	2m 이상 ~ 3m 이하	1.8m 이상	1.35m 이상
	레인	10레인	좌동	8레인 이상	-
	수온	25 ~ 28℃	좌동	좌동	좌동
	조명	수영장 위 조명강도 1,500 lux 이상	좌동	스타드대 조명강도 600 lux 이상	좌동

* 길이 50미터 / 폭 25미터 / 깊이 2~3미터 / 총 8레인 이상 / 레인 폭 2.5미터 1~8레인 밖으로 0.5미터 간격 유지

< fina 공식 규격 수영장 / 수영장 시설 규격 세부사항 >

2. 경기규칙

10.1 모든 개인 경기는 성별로 분리하여 개최되어야 한다.
10.2 해당 코스를 선수는 단독으로 전체 거리를 역영할 수 있어야 출전 자격을 갖는다. 관련 WORLD AQUATICS 규정에 따라 전체 거리를 완영하지 못한 선수는 실격 처리된다.
10.3 수영장 데크에서 선수는 1.5항에 명시된 제시 프로토콜(presentation protocol)을 준수한 후, 즉시 수영복을 제외한 모든 옷을 탈의해야 한다.
10.4 선수는 자신이 출발한 레인에 머물고 같은 레인에서 경기를 마쳐야 한다.
10.5 모든 종목에서 선수는 턴할 때 수영장이나 코스의 말단(끝)과 신체 접촉을 해야 한다. 턴은 수영장 벽에서 이루어져야 하며, 수영장 바닥으로부터 걷는 것은 허용되지 않는다.
10.6 자유형 종목 또는 혼영 종목의 자유형 구간 동안 바닥에 서는 것은 허용되지만, 걷는 것은 허용되지 않는다.
10.7 레인 로프를 당기면 안 된다.
10.8 다른 레인으로 들어가거나 다른 선수를 방해하면 실격 처리된다. 해당 반칙이 고의적인 경우, 심판장은 그 위법행위를 경기의 주최측과 위반 선수의 소속 연맹에 보고한다.
10.9 해당 종목 출전자가 아닌 선수가 모든 선수가 시합을 마치기 전에 종목이 진행되는 물에 입수하면 그 선수는 대회의 다음 예정 경기에서 실격 처리된다.
10.10 각 계영 팀은 4명의 선수로 구성된다. 혼성 계영을 진행할 수 있다. 혼성 계영은 남자 2명과 여자 2명으로 구성되어야 한다. 이 종목에서 달성한 구간 기록은 실적 및/또는 엔트리 목적으로 사용할 수 없다.
10.11 계영 선수교대(relay exchanges)는 출발 플랫폼에서 시작되어야 한다. 수영장 데크에서의 연속 출발은 허용되지 않는다.
10.12 계영 종목에서 선행 선수가 벽에 터치하기 전에 발이 출발 플랫폼에서 떨어진 선수의 팀은 실격된다.
10.13 계영 경기 중에 그 구간을 수영하도록 지정된 선수가 아닌 다른 선수가 모든 계영 팀의 모든 선수가 역영을 끝내기 전에 입수할 경우 그의 계영 팀은 실격된다.
10.14 계영 팀의 구성원과 경기 순서는 경기 전에 지명되어야 한다. 모든 계영 팀원은 그 종목에서 한 번만 출전할 수 있다. 계영 팀의 구성은 종목의 예선과 결승전 사이에 변경될 수 있는데, 단 해당 종목에 대해 소속 연맹이 적절하게 출전 등록한 선수명단에서 이루어지는 경우에 한한다. 열거된 순서대로 역영하지 않으면 실격 처리된다. 선수 교체는 문서화된 응급의료상황인 경우에만 가능하다.
10.15 자신의 시합 또는 계영 종목에서 자신이 맡은 거리를 마친 선수는 아직 시합을 마치지 않은 다른 선수를 방해하지 말고 가능한 한 빨리 퇴수해야 한다. 그렇지 않고 해당 과실을 범한 선수 또는 그의 계영팀은 실격 처리된다.
10.16 반칙으로 어떤 선수의 성공 기회가 위협받는 경우, 심판장은 피해 선수를 다음 예선에 출전시킬 수 있는 권한이 있으며, 반칙이 결승이나 마지막 예선에서 발생할 경우 심판장은 피해 선수가 재경기할 수 있도록 지시할 수 있다.
10.17 어떠한 페이스 메이킹(pace-making)도 허용되지 않으며, 그러한 효과가 있는 장치를 사용하거나 계획을 해서도 안 된다.

3. 연령그룹 규정(Age Group Rules)

14.1 세계주니어수영선수권대회 연령 그룹은 남녀 모두 대회가 개최되는 연도의 12월 31일을 기준으로 14세에서 18세 사이여야 한다.
14.2 올림픽 게임, 세계수영선수권대회와 세계수영선수권대회(25m)에 출전하는 선수의 최소 연령은 세계주니어수영선수권대회와 동일하게, 대회가 개최되는 연도의 12월 31일을 기준으로 14세 이상이어야 한다. 각 세부종목에서 기준 기록 "B"를 달성한 선수라면 더 어린 선수도 출전할 수 있다.
14.3 각 연맹은 WORLD AQUATICS 기술 규정을 이용하여 자체 연령그룹 규칙을 채택할 수 있다.

4. 경기복 및 착용 가능 의류(Swimwear and Wearables)

> 15.1 경영 경기의 경우, 남자 수영복은 배꼽 위보다 올라오거나 무릎 아래보다 내려가서는 안 된다. 여자 수영복은 목을 덮어서는 안 되며, 어깨를 지나 무릎 아래보다 내려가서는 안 된다. 수영복은 직물 소재로 제작되어야 한다.
> 15.2 경영 선수는 어떠한 경우에도 경기 중에 속도, 부력 또는 지구력에 도움이 될 수 있는 장치나 수영복을 사용하거나 착용할 수 없다(물갈퀴용 장갑, 오리발, 핀, 파워 밴드 또는 접착물 등). 기술 및 자동화된 데이터 수집 장치의 사용은 데이터 수집을 위한 목적으로만 허용된다. 데이터, 소리 또는 신호를 선수에게 전송하는 데 사용해서는 안 되며, 속도를 보조하는 데 사용해서는 안 된다. 수경은 착용할 수 있다. 부상 때문인 경우에는 한 두 개 이하의 손가락이나 발가락을 테이핑 할 수 있다. 국제연맹의 승인이 없는 한, 그 외 다른 종류의 테이핑은 허용되지 않는다.
> 15.3 세계 기록(세계 주니어 기록과 세계 마스터즈 기록 포함)은 승인된 경기복을 착용한 경우에만 국제연맹에서 인정한다. 국제연맹에서는 실험실에서 추가 분석을 위해 세계기록을 수립한 선수가 착용한 수영복을 제출하라고 요청할 수 있다.

5. 종목

(1) 자유형(Freestyle)

> 5.1 자유형은 선수가 그러한 지정 종목에서 어떤 영법으로든 수영할 수 있음을 의미한다. 단, 개인 혼영 또는 혼계영에서 자유형은 배영, 평영 또는 접영 아닌 모든 영법을 의미한다.
> 5.2 선수의 몸 일부는 각 구간(랩, 수영장 길이)을 완영할 때와 피니시에서 반드시 벽을 터치해야 한다.
> 5.3 역영 내내 선수의 신체 일부분은 항상 수면 위에 나와 있어야 한다. 단, 선수가 턴을 하는 동안이나 출발 및 매 턴 이후 15m 지점까지 선수는 완전히 물에 잠기는 것이 허용되며, 15m 지점에서 선수의 머리는 수면 위로 올라와 있어야 한다.

(2) 배영(Backstroke)

> 6.1 출발신호 전에 선수들은 양손으로 출발 손잡이(starting grip)를 잡은 채 출발점을 향하여 물에서 정렬한다. 거터(gutter) 안이나 위에 서거나 거터 가장자리 위로 발가락을 구부리는 행위는 금지된다. 출발 시 배영 렛지를 사용할 경우, 두 발의 발가락 중 적어도 하나는 터치패드의 말단 벽이나 표면에 접촉해야 한다. 터치패드 위에서 발가락을 구부리는 것은 금지된다.
> 6.2 출발 신호 시와 턴 후, 선수는 6.4항에 명시된 대로 턴을 할 때를 제외하고는 등을 댄 누운 자세로 밀고 나가며 수영한다. 등을 대고 누운 정상적인 자세는 신체의 롤링 동작(roll movement)을 포함할 수 있지만, 수평에서 90도의 각도 내에서만 이루어져야 한다. 머리의 위치는 상관이 없다.
> 6.3 역영을 하는 동안 선수의 신체 일부분은 항상 수면 위에 나와 있어야 한다. 단, 선수의 머리 일부가 도착 지점 직전의 5m 지점을 통과한 직후, 선수는 완전히 잠수할 수 있다. 턴을 하는 동안이나 출발 및 매 턴 이후 15m 지점까지도 잠수가 허용된다. 이때 15m 지점에서 선수의 머리는 수면 위로 올라와 있어야 한다.
> 6.4 턴을 할 때 선수의 신체 일부가 반드시 벽에 닿아야 한다. 턴하는 동안 어깨가 가슴에 수직으로 넘어갈 수 있으며, 그 후에 즉시 연속적인 싱글 암 풀(single arm pull) 또는 연속적인 동시 더블 암 풀(double arm pull)을 사용하여 턴을 시작할 수 있다. 선수는 벽을 떠날 때 등을 댄 누운 자세로 돌아와야 한다.
> 6.5 역영의 피니시에서 선수는 등을 대고 누운 자세로 벽을 터치해야 한다.

(3) 평영(Breaststroke)

7.1 출발 후와 각 턴 후에, 선수는 물에 잠겨 있는 동안 다리를 완전히 뒤로 젖히며 한 번의 암 스트로크(arm stroke)를 할 수 있다. 출발 후와 각 턴 후 첫 번째 평영 발차기 동작이 있기 전에는 언제든 한 번의 접영 발차기가 허용된다. 두 번째 암 스트로크 중 팔이 가장 넓게 벌어진 상태에서 손이 안쪽으로 향하기 전에 머리가 수면 밖으로 나와야 한다.

7.2 출발 후와 각 턴 후, 첫 번째 암 스트로크의 시작부터 신체는 엎드린 자세로 있어야 한다. 수영장 벽을 떠날 때, 신체가 엎드린 자세를 유지하는 한 어떤 방식으로든 턴이 허용된다. 그러나 이를 제외하고는 어떤 순간에도 누운 자세로 롤링하는 것은 허용되지 않는다. 출발부터 역영 내내 스트로크 주기는 암스트로크 1회, 레그 킥(leg kick, 다리 킥) 1회의 순서로 이루어져야 한다. 모든 팔 동작은 교대로 움직이지 않고 양팔 동시에 이루어져야 한다.

7.3 양손은 수면 아래나 위로 가슴으로부터 함께 앞으로 내밀어야 한다. 팔꿈치는 턴 전 마지막 스트로크, 턴 중 피니시에서의 마지막 스트로크를 제외하고 수면 아래에 있어야 한다. 양손은 수면이나 물 아래에서 반복 동작해야 한다. 출발 후와 각 턴 후의 첫 번째 스트로크를 하는 동안을 제외하고는 손이 엉덩이라인을 넘어서는 안 된다.

7.4 각 (스트로크) 완료 주기 동안, 선수의 머리 일부분은 수면 밖으로 나와야 한다. 모든 다리 동작은 교대로 하지 않고 양다리 동시에 이루어져야 한다.

7.5 킥의 추진 부분 동안 양 발은 바깥쪽으로 향해야 한다. 7.1항의 경우를 제외하고, 교대 동작이나 아래쪽으로 접영 킥은 허용되지 않는다. 아래로 접영 킥으로 이어지지 않는 한 양 발이 수면에 나오는 것은 허용된다.

7.6 각 턴 시와 역영의 피니시에서 터치는 양손을 (겹치지 않게) 분리하여 동시에 수면이나, 그 위 또는 아래에서 이루어져야 한다. 턴 전과 피니시에서의 마지막 스트로크에서 레그 킥을 하지 않는 암 스트로크는 허용된다. 머리는 터치 전에 마지막 완전 또는 불완전 (스트로크) 주기의 어느 시점에서든 수면 위로 나와 있어야 하며, 터치 전의 마지막 암 풀(arm pull) 후에 물에 잠길 수 있다.

(4) 접영(Butterfly)

8.1 출발 후와 각 턴 후 첫 번째 암 스트로크 시작부터 신체는 엎드린 자세를 유지해야 한다. 수영장 벽을 떠날 때, 신체가 엎드린 자세를 유지하는 한 어떤 방식으로든 턴이 허용된다. 그러나 이를 제외하고는 어떤 순간에도 누운 자세로 롤링하는 것은 허용되지 않는다.

8.2 8.5항에 따라 역영 내내 양팔을 물 위에서 동시에 앞으로 내밀고 물 아래에서 동시에 뒤로 내린다.

8.3 양다리의 모든 상하 동작은 동시에 이루어져야 한다. 양다리나 양발이 같은 높이를 유지할 필요는 없지만, 엇갈리게 움직여서는 안 된다. 평영 킥 동작은 허용되지 않는다.

8.4 각 턴과 역영의 피니시에서 터치는 수면, 수면 위 또는 아래에서 양손을 (겹치지 않게) 분리하여 동시에 이루어져야 한다.

8.5 출발 시와 턴을 할 때 선수는 물 속에서 다리 킥 1회 이상, 팔 동작 1회를 할 수 있으며, 이 동작으로 몸이 수면 위로 올라와야 한다. 선수가 출발 후, 그리고 각 턴 이후 15m 지점까지는 잠수가 허용된다. 15m 지점에서 선수의 머리는 수면 위로 올라와 있어야 한다. 다음 턴 또는 도착 지점까지 선수는 수면 위에 올라와 있어야 한다.

(5) 혼영(Medley Swimming)

9.1 개인 혼영 종목에서 선수는 접영, 배영, 평영, 자유형의 순서로 4가지 수영 스트로크(영법)를 실시한다. 각 스트로크는 전체 거리의 1/4씩 수행해야 한다. 자유형 부분 동안 등으로 벽을 떠나는 것은 허용되지만, 접영 킥을 포함하여 킥이 시작될 수 있는 지점에서 선수가 수직 상태를 지나 엎드린 자세로 돌아올 때까지 킥 동작은 허용되지 않는다.

9.2 자유형에서 선수는 턴을 할 때를 제외하고는 엎드린 자세여야 한다. 선수는 킥하거나 스트로크하기 전에 엎드린 자세로 돌아와야 한다.

9.3 혼계영 종목에서 선수들은 배영, 평영, 접영, 자유형의 순서로 4가지 수영 스트로크(영법)를 수행한다. 각 스트로크는 전체 거리의 1/4씩 수행해야 한다.

9.4 각 (영법) 구간은 해당 스트로크(영법)에 적용되는 규칙에 따라 피니시(완료)되어야 한다.

6. 임원

2.1 심판장(Referee)

2.1.1 심판장은 모든 임원을 완전히 통제하고 지휘하며, 임원의 임무를 승인하고, 경기와 관련된 모든 특수사항이나 규칙에 대해 임원에게 지시한다. 심판장은 WORLD AQUATICS의 모든 규칙과 결정을 시행하고, 경기나 종목 또는 대회의 실제 진행과 관련된 모든 문제와 그 중 규칙이 다루지 않는 문제의 최종 처리를 결정한다.

2.1.2 심판장은 WORLD AQUATICS 규정이 준수되도록 하기 위해 어느 단계에서든 경기에 개입할 수 있으며, 진행 중인 경기와 관련된 모든 항의에 대한 판정을 내린다.

2.1.3 3개의 디지털 시계 없이 결승선 심사위원을 배정할 때, 필요한 경우 심판장이 순위를 결정한다. 자동계측장치(사용 가능하고 작동하는 경우)는 13항에 명시된 대로 협의해야 한다.

2.1.4 심판장은 대회 운영에 필요한 모든 임원이 각자의 위치에 있는지 확인해야 한다. 자리에 없거나 무능하거나 비효율적인 임원으로 밝혀진 자를 대신할 교체임원을 임명할 수 있다. 필요하다고 판단되는 경우 임원을 추가 임명할 수 있다.

2.1.5 모든 선수가 수영복을 제외하고 옷을 벗으면, 심판장은 호각을 연속해서 짧게 불어 선수로 하여금 출발점에서 준비하도록 불러 모아 경기 시작을 알리고 난 후, 긴 호각소리를 내어 출발 플랫폼에서 출발자세를 잡도록 신호한다(배영 및 혼계영에서는 즉시 입수한다). 두 번째 긴 호각소리로 배영 및 혼계영 선수를 즉시 출발자세를 취하도록 한다. 선수와 임원이 출발 준비가 되어 있을때, 심판장은 스타터(starter, 출발신호원)에게 팔을 쭉 뻗는 몸짓을 하여 선수들이 스타터의 통제 하에 있음을 알린다. 쭉 뻗은 팔은 출발신호가 있을 때까지 그 자세를 유지해야 한다.

2.1.6 출발신호 전 출발(부정출발)에 대한 실격은 스타터와 심판장 모두 적발하고 확인해야 한다. 자동계측장치를 사용할 수 있는 경우 실격을 확인하는 데 사용할 수 있다.

2.1.7 심판장은 직접 적발한 규정 위반 선수를 실격시킨다. 심판장은 또한 다른 권한 있는 임원이 보고한 규칙위반 선수도 실격시킬 수 있다. 모든 실격은 심판장의 결정에 따른다.

2.1.8 모든 잠재적 규정 위반은 심판장에게 구두로 보고되어야 한다. 심판장이 확인하면, 보고하는 임원은 서명한 실격사유 카드(disqualification card)에 종목, 레인 번호, 위반사항을 자세히 기재해야 한다.

2.1.9 심판장은 계영 경기에서 선행 선수가 출발 벽(starting wall)을 터치할 때 (이어) 출발하는 선수가 출발 플랫폼에 닿았는지 여부를 판단할 임원을 임명한다. 이러한 릴레이 출발(relay take-offs)을 판정하는 자동계측장치가 있는 경우 13.1항에 따라 사용한다.

2.2 제어실 감독자(Control Room Supervisor)

2.2.1 제어실 감독자는 자동계측장치 운용을 감독해야 한다.

2.2.2 제어실 감독자는 컴퓨터 출력물의 결과를 확인할 책임이 있다.

2.2.3 제어실 감독자는 계영 선수교대(relay exchange) 출력결과를 확인하고 부정출발(early take-off)을 심판장에게 보고할 책임이 있다.

2.2.4 제어실 감독자는 부정출발을 확인하기 위해 비디오 타이밍(video timing)을 검토할 수 있다.

2.2.5 제어실 감독자는 다음을 수행한다.
- 예선 및/또는 준결승 이후 불참을 관리한다.
- 공식 양식에 결과를 입력한다.
- 수립된 모든 신기록 목록을 정리한다.
- 적절한 곳에 점수를 보존한다.

2.3 출발심판/스타터(Starter)

2.3.1 스타터는 심판장이 선수 통제를 넘길 때부터(2.1.5항) 레이스가 시작될 때까지 선수들을 완전히 통제한다. 출발은 4항에 따라 이루어진다.

2.3.2 스타터는 출발을 지연시키거나 고의로 불복종하거나 출발 시 기타 부당행위를 한 선수를 심판장에게 보고하며, 심판장만이 이러한 지연, 고의적 불복종, 또는 부당행위를 한 선수를 실격시킬 수 있다.

2.3.3 스타터는 출발이 공정한지 여부를 가리는 권한이 있는데, 결정은 심판장이 한다.

2.3.4 경기를 시작할 때, 스타터는 계측원의 출발신호를 보거나 들을 수 있고 선수들이 신호를 들을 수 있는 수영장 시작 가장자리에서 약 5m 이내의 수영장 측면에 위치해야 한다.

2.3.5 스타터는 자신의 관할권 내에서 적발된 모든 위반사항을 심판장에게 보고한다.

2.4 소집심판(Call Room Supervisor)
2.4.1 소집실 감독자는 각 경기 전에 선수들을 소집한다.
2.4.2 소집실 감독자는 다음과 관련하여 지적된 모든 위반사항을 심판장에게 보고한다.
- 수영복
- 광고
- 소집 시 선수가 불참하는 경우

2.5 반환 심판장(Chief Inspector of Turns)
2.5.1 반환점 심사위원장은 반환점 심사위원들이 경기 동안 소임을 다하는지 확인한다.

2.6 반환 심판(Inspectors of Turns)
2.6.1 수영장 끝의 각 레인에 한 명씩 반환 심사위원이 배치되어 선수가 출발 후, 반환(turn, 턴)할 때마다, 결승점에서 관련 규칙을 준수하는지 확인한다.
2.6.2 출발점의 반환점 심사위원의 관할권은 출발신호에서 시작하여 첫 번째 암 스트로크(arm stroke, 팔 스트로크)의 완료로 끝난다. 단, 평영의 경우에는 두 번째 암 스트로크에 적용된다.
2.6.3 각 턴마다 반환점 심사위원의 관할권은 터치 전 마지막 암 스트로크의 첫 동작에서 시작하여 턴 후 첫 번째 암 스트로크의 완료로 끝난다. 단, 평영에서는 두 번째 암 스트로크에 적용된다.
2.6.4 결승점에서 반환점 심사위원의 관할권은 터치 전 마지막 암 스트로크의 첫 동작부터 시작된다.
2.6.5 배영 렛지를 사용할 경우, 출발점에 있는 각 심사위원은 담당 렛지를 설치하고 제거해야 한다. 일단 설치되면 렛지는 0으로 설정된다.
2.6.6 800m와 1500m의 개인종목에서 수영장의 시작점과 반환점의 각 반환 심사위원은 담당 레인에서 선수가 완료한 바퀴 횟수를 기록해야 한다. 수영장의 반환점에서 남은 바퀴 횟수를 표시한 "랩 카드(lap cards)"를 전시하여 완영해야 할 남은 바퀴 횟수를 선수에게 알려야 한다. 수중 표지를 포함한 전자장치를 사용할 수 있다.
2.6.7 출발점의 각 심사위원은 담당 레인의 선수가 800m 및 1500m 개인종목에서 결승선까지 1회 왕복과 5m가 남았을 때 경고신호를 보내야 한다. 선수가 턴 후 레인 로프의 5m 표시지점에 도달할 때까지 그 신호를 반복할 수 있다. 경고신호는 호각이나 종으로 울릴 수도 있다.
2.6.8 계영 종목에서 출발점에 있는 각 심사위원은 선행 선수가 출발벽을 터치할 때 (이어) 출발선수가 출발 플랫폼에 닿았는지 여부를 파악한다. 이러한 릴레이 출발을 판정하는 자동계측장치를 사용할 수 있는 경우, 13.1항에 따라 사용한다.
2.6.9 반환점 심사위원은 자신의 관할권 내에서 적발한 모든 위반사항을 심판장에게 보고한다.

2.7 영법 심판(Judges of Stroke)
2.7.1 영법 심판은 수영장 양쪽에 위치해야 한다.
2.7.2 각 영법 심사위원은 해당 종목에 지정된 영법과 관련된 규칙이 준수되고 있는지 확인하고 반환점 심사위원을 도와 턴과 피니시를 관찰해야 한다.
2.7.3 영법 심사위원은 자신의 관할권 내에서 적발된 모든 위반사항을 심판장에게 보고한다.

2.8 계측 주임(Chief Timekeeper)
2.8.1 계측 주임은 모든 계측원의 좌석 위치와 그들이 담당하는 레인을 배정해야 한다. 각 레인당 3명의 계시원이 바람직하다. 자동계측장비가 사용되지 않는 경우, 2명의 추가 계측원을 지정하여, 시계가 시작되지 않거나 경기 중에 중지하거나, 다른 기타 이유로 계측할 수 없는 계측원을 대신하도록 지시 받는다. 디지털 시계를 사용할 경우, 최종 기록과 등수는 시간에 따라 결정된다.
2.8.2 레인당 1명의 계측원이 배정될 경우, 시계 오작동에 대비하여 추가 계측원을 배정해야 한다. 또한 계측 주임은 항상 각 레이스에서 승자의 시간을 기록해야 한다.
2.8.3 계측 주임은 각 레인의 계측원으로부터 기록된 시간이 표시된 카드를 거두고, 필요한 경우, 계측원의 시계를 검사한다.
2.8.4 계측 주임은 각 레인에서 거둔 카드에 표시된 공식시간을 기록하거나 조사한다.

2.9 계측원(Timekeepers)
2.9.1 각 계측원은 배정된 레인에서 선수의 시간을 측정한다.
2.9.2 각 계측원은 출발신호와 함께 시계를 시작하고, 담당 레인에 있는 선수가 레이스를 마침과 동시에 시계를 멈춘다. 계측원은 100m를 초과하는 레이스에서 중간거리의 시간을 기록하도록 계측주임의 지시를 받을 수 있다.
2.9.3 레이스가 끝난 후 즉시 각 레인의 계측원은 자기 시계의 시간을 카드에 기록하며, 계측 주임의 요청이 있다면, 시계를 제시하여 검사를 받는다. 다음 레이스를 알리는 심판장의 짧은 호각 소리에 계측원들은 시계를 (기록을) 지운다.
2.9.4 비디오 타이밍(video timing)이 사용되지 않는 한, 자동계측장치를 사용하는 경우에도 모든 계측원을 완전히 배치해야 할 수도 있다.

2.10 착순 심판(Finish Judge) - 필요한 경우
2.10.1 착순 심판은 항상 코스와 결승선이 잘 보이는 위치에서 결승선의 일직선상에 위치해야 한다.
2.10.2 각 경기 후, 착순 심판은 배정된 임무에 따라 선수의 순위를 파악하여 보고한다. 누르는 버튼 조작자 이외에 착순 심판은 같은 경기에서 계측원/계시원의 역할을 할 수 없다.

2.11 기록 주임(Chief Recorder: 올림픽경기 및 세계선수권대회 이외)
2.11.1 기록 주임은 컴퓨터 출력물 또는 심판장으로부터 받은 각 종목의 시간 및 순위를 확인할 책임이 있다. 기록 주임은 심판장의 결과 서명에 연서한다.

2.12 기록원(Recorder: 올림픽게임 및 세계선수권대회 이외)
2.12.1 기록원은 예선 또는 준결승 후 기권을 관리하고, 공식 양식에 결과를 입력하고, 수립된 모든 신기록의 목록을 정리하며, 적절한 장소에 점수기록을 보존한다.

2.13 비디오 심사 주임(Video Review Supervisor)
2.13.1 비디오 심사 주임은 비디오 심사 심사위원이 각자의 위치에 있고, 경기 동안 임무를 수행하는지 확인한다.
2.13.2 비디오 심사 주임은 비디오 심사 심사위원이 보고한 모든 규칙위반을 검토하고 확인한다.
2.13.3 비디오 심사 주임은 심판장의 요청에 따라 보고된 모든 규칙 위반을 검토하고 확인한다. (2023년 2월 21일부터 유효함)
2.13.4 비디오 심사 주임은 비디오 심사에서 확인된 모든 위반사항을 심판장에게 보고한다.

2.14 비디오 심사위원(Video Review Judge)
2.14.1 각 비디오 심사위원은 경기에 지정된 영법과 관련된 규칙이 준수되고 있는지 확인하고 턴과 피니시를 관찰한다.
2.14.2 비디오 심사 심사위원은 관찰된 모든 위반사항을 비디오 심사 주임에게 보고한다. 위반이 확인되면, 비디오 심사 주임은 실격사유 카드를 작성한다.

2.15 임원의 의사결정(Officials' Decision Making)
2.15.1 임원은 본 경영규칙에 달리 규정되지 않는 한, 자율적이고 독립적으로 각자의 결정을 내린다.

3 실격 사유요소

1. 통합 실격 사유

① 출발신호 전에 몸을 움직일 경우

② 출발신호 전에 출발할 경우

③ 스타트 후 잠영 시 머리 기준으로 15m 지점이 넘어갈 경우(평영은 무관)

④ 물에 잠시 떠 있는 것은 무관하나, 걷거나 뛰는 경우

⑤ 코스로프를 잡거나 당길 경우

⑥ 코스 이탈 후 다른 선수를 방해할 경우

⑦ 정해진 영법을 지키지 않을 경우

2. 종목별 실격 사유

(1) 접영

① 자유형 킥을 찰 경우

② 양팔을 동시에 돌리지 않고 한 팔씩 교대로 돌리는 경우

③ 턴, 터치 시 양손으로 동시에 터치하지 않고 손을 포개어 턴, 터치하는 경우

(2) 배영

① 경기 종료 전에 신체 일부가 벽에 닿지 않은 상태에서 누워 있는 배영의 자세를 흩트릴 경우

② 과도한 회전으로 등이 보일 경우

③ 잠영 후 양 손으로 물을 스트로크하면서 나올 경우

④ 배영 턴 시 엎드린 상태에서 한 번의 스트로크는 허용하나, 팔젓기가 끝난 후에 킥을 했을 경우

⑤ 스타트 준비 시 수면 위로 발의 전체가 나올 경우

> **선생님 TIP** 새로운 개정안
>
> 피니시 5m 전부터 잠영 허용(2023. 2월부터 시행)

(3) 평영

① 턴과 터치는 반드시 양손으로 동시에 해야 함

② 물속 동작(pull out) 시 한 번의 스트로크와 한 번의 접영 킥, 한 번의 평영 킥이 허용

③ 킥을 동시에 차지 못함, 두 손을 동시에 뻗고 당기지 못함

④ 접영 킥을 차지 않는다면 양발이 수면 위로 나와도 상관없음

(4) 자유형

① 걸어 다니면 안 됨

② 본인 레인 이외 코스로 이탈할 수 없음

③ 시작영법 도중에 영법을 변경할 수 없음

구술 기출문제

Chapter 05 월드 아쿠아틱스(World Aquatics)와 규정

01 '월드 아쿠아틱스(World Aquatics)'에 대하여 설명하시오.

 국제수영연맹이 'FINA'에서 '월드 아쿠아틱스(World Aquatics)'로 명칭을 개칭하였다. FINA는 지난 2022년 12월 12일 호주 멜버른에서 임시총회를 열고 2023년 1월 1일부로 모든 수상 스포츠를 의미하는 아쿠아틱스를 정식 명칭으로 적용하기로 했다. 이에 따라 1908년 창립 당시 프랑스어로 붙여진 FINA(Federation International de Natation)는 115년 만에 새로운 브랜드로 바뀌게 됐다. 경영, 다이빙, 하이다이빙, 아티스틱 스위밍, 수구, 바다수영(Open Water Swimming) 등 6개 수영 종목을 주관하는 국제 경기단체이다.

02 국제공인 수영장 규격에 대하여 설명하시오.

 길이 50m, 폭 21m, 깊이 1.98m이며, 총 8레인 이상으로 레인 폭 2.5m, 1~8레인 밖으로 0.5m 간격을 유지해야 한다.

03 경영 심판장의 역할에 대하여 설명하시오.

- 선수 및 심판들에 대한 모든 통제권을 가진다.
- 경기 규칙과 대회운영의 모든 사항을 최종 결정한다.
- 경기 심판을 임명하고 총원 및 교체를 명할 수 있다.

04 영법 심판의 위치와 심판 방법에 대하여 설명하시오.

- 스타트하고 15m 이후부터 턴 하고 나온 후를 관찰한다.
- 가급적 선수들과 함께 걸으면서 부정한 동작을 심판한다.
- 선수가 스타트 후 머리가 15m 이후에 나오는지를 확인한다.
- 양쪽 풀 끝에 각 2명씩 위치한다.

05 심판 자격을 취득하기 위한 자격 기준에 대하여 설명하시오.

심판 자격을 취득한 후 2년이 경과하고 시도대회(또는 전국대회)에 3회 이상 심판으로 활동한 자로서, 16시간의 2급 심판 이론 과정을 수료하고 전국대회에 16시간 이상 실습 과정을 이수한 자여야 한다.

06 배영 시 실격 사유와 새로운 개정안에 대하여 설명하시오.

- 실격 사유
  - 경기 종료 전에 신체 일부가 벽에 닿지 않은 상태에서 누워 있는 배영의 자세가 흐트러질 경우 실격된다.
  - 과도한 회전으로 등이 보일 경우 실격된다.
  - 잠영 후 양 손으로 물을 스트로크하면 실격된다.
  - 배영 턴 시 엎드린 상태에서 한 번의 스트로크만을 허용하며, 팔젓기가 끝난 후에 킥을 할 경우 실격된다.
  - 스타트 준비 시 수면 위로 발의 전체가 나올 경우 실격된다.
- 피니시 5m 전부터 잠영을 허용한다고 개정되었다(2023. 2월부터 시행됨).

07 개인혼영에 대하여 설명하시오.

- 개인혼영은 한 명의 선수가 접영, 배영, 평영, 자유형 순서대로 각 종목당 4분의 1씩 역영한다.
- 대회 종목은 200m(50m씩)와 400m(100m씩)가 있다.

해커스자격증
pass.Hackers.com

해커스 **스포츠지도사 수영** 실기+구술 초단기 5일 합격

수영 실기 및 구술평가 기준

Chapter 01　실기평가
Chapter 02　구술평가

Chapter 01 실기평가

1 실기평가장

○ 장소운영 예상 도식도(예, 수영장별 상이, 5개 ~ 8개 레인)
  - 실기 시험장(25m×15m)

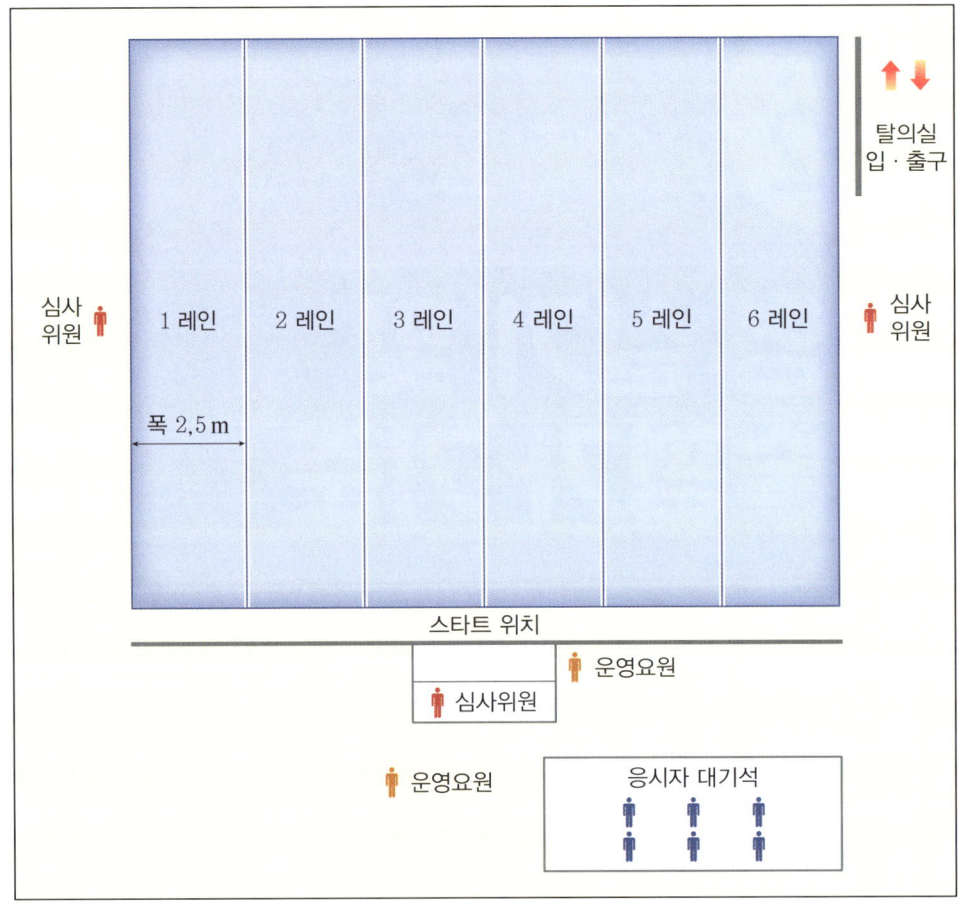

※ 위치는 상황에 따라 변동될 수 있음

2 실기평가 영역

1. 1급 생활스포츠 지도사

영역	내용	평가기준
영법 동작기술 (스타트/턴)	출발자세(10점)/ 턴자세(10점)	① 출발 규정에 의해 　- 출발대 위 오르기 전 준비 정도 　- 출발예비 신호에 따르는 정도 　- 출발신호에 따른 입수 동작 ② 턴 동작에 의해 　- 접영과 평영에서 양손 터치 평가 　- 배영과 평영으로 연결되는 턴 동작 평가 　- 턴을 시작하여 완료하는 자세를 평가 ③ 채점기준 	채점기준	득점
---	---
아주 능숙	10
능숙	8
보통	6
약간 미숙	4
미숙	2	
영법 동작기술 (접영, 배영, 평영, 자유형)	영법자세(20점)	① 영법 동작에 의해 　- 킥동작에 대한 평가 　- 팔동작에 대한 평가 　- 호흡법에 대한 평가 　※ 접영: 발끝 모음과 구부림 　　배영: 팔꿈치 각도, 물 잡는 동작 　　평영: 글라이딩 　　자유형: 적절한 회전 반경, 팔꿈치 높이 ② 채점기준 	채점기준	득점
---	---
아주 능숙	20
능숙	17
보통	14
약간 미숙	10
미숙	5	
기본기술	수영 능력 평가 (60점)	① 개인혼영 100m 기록 측정을 통해 　- 완영 능력으로 체력 평가 　- 완영 기록으로 체력우수 평가 　※ 4개 종목(접, 배, 평, 자) 25m씩 완주 　　남자 1'30"00, 여자 1'40"00 이내에 완주하지 못하면 영법동작기술에 상관없이 불합격 처리 ② 기록 | 구분	남자	여자
60점	~1'10"00	~1'20"00
57점	1'10"01~1'15"00	1'20"01~1'25"00
54점	1'15"01~1'20"00	1'25"01~1'30"00
51점	1'20"01~1'23"00	1'30"01~1'33"00
48점	1'23"01~1'25"00	1'33"01~1'35"00	

2. 2급 생활, 노인, 유소년 스포츠지도사

영역	내용	평가기준

영법 동작기술 (스타트/턴)	출발자세(10점)/ 턴자세(10점)	① 출발 규정에 의해
		  - 출발대 위 오르기 전 준비 정도
		  - 출발예비 신호에 따르는 정도
		  - 출발신호에 따른 입수 동작
		② 턴 동작에 의해
		  - 접영과 평영에서 양손 터치 평가
		  - 배영과 평영으로 연결되는 턴 동작 평가
		  - 턴을 시작하여 완료하는 자세를 평가
		③ 채점기준
		
			채점기준	득점

---	---
아주 능숙	10
능숙	8
보통	6
약간 미숙	4
미숙	2	

영법 동작기술 (접영, 배영, 평영, 자유형)	영법자세(20점)	① 영법 동작에 의해
		  - 킥동작에 대한 평가
		  - 팔동작에 대한 평가
		  - 호흡법에 대한 평가
		  ※ 접영: 발끝 모음과 구부림
		     배영: 팔꿈치 각도, 물 잡는 동작
		     평영: 글라이딩
		     자유형: 적절한 회전 반경, 팔꿈치 높이
		② 채점기준
		
			채점기준	득점

---	---
아주 능숙	20
능숙	17
보통	14
약간 미숙	10
미숙	5	

기본기술	수영 능력 평가 (60점)	① 개인혼영 100m 기록 측정을 통해
		  - 완영 능력으로 체력 평가
		  - 완영 기록으로 체력우수 평가
		  ※ 4개 종목(접, 배, 평, 자) 25m씩 완주
		     남자 1'30"00, 여자 1'40"00 이내에 완주하지 못하면 영법동작기술에 상관없이 불합격 처리
		② 기록
		
		| 구분
			남자	여자

60점	~1'15"00	~1'25"00
57점	1'15"01~1'20"00	1'25"01~1'30"00
54점	1'20"01~1'25"00	1'30"01~1'35"00
51점	1'25"01~1'28"00	1'35"01~1'38"00
48점	1'28"01~1'30"00	1'38"01~1'40"00	

3. 전문지도사

○ 실기평가 영역

- 2급 전문스포츠지도사(경영): 당일 응시자가 영법 2종목을 선택하여 평가함

영역	내용	평가기준		
경영 (접영 50m)	스타트 및 영법	① 스타트 동작과 영법이 정확하게 이루어지고 있으며, 모든 동작이 자연스럽다. (10점) ② 스타트 동작과 영법 자체가 우수하지만 어딘가 조금은 부자연스러운 동작을 보이고 있다. (7점) ③ 모든 동작에 있어 정확히 하려고 하고 있으나 조금은 어설프게 영법동작이 이루어지고 있다. (5점) ④ 스타트 동작이 어설프고 영법동작도 부자연스럽게 이루어지고 있어 종합동작 자체가 불안하게 이루어지고 있다. (3점) ⑤ 스타트 및 영법동작이 아주 불안하게 이루어지고 있다. (1점)		
	기록	구분	남자	여자
		40점	32.50 이내	34.00 이내
		35점	32.51 ~ 33.50	34.01 ~ 35.00
		30점	33.51 ~ 34.50	35.01 ~ 36.00
		25점	34.51 ~ 35.00	36.01 ~ 37.00
		20점	35.01 이상	37.01 이상
경영 (평영 50m)	스타트 및 영법	① 스타트 동작과 영법이 정확하게 이루어지고 있으며, 모든 동작이 자연스럽다. (10점) ② 스타트 동작과 영법 자체가 우수하지만 어딘가 조금은 부자연스러운 동작을 보이고 있다. (7점) ③ 모든 동작에 있어 정확히 하려고 하고 있으나 조금은 어설프게 영법동작이 이루어지고 있다. (5점) ④ 스타트 동작이 어설프고 영법동작도 부자연스럽게 이루어지고 있어 종합동작 자체가 불안하게 이루어지고 있다. (3점) ⑤ 스타트 및 영법동작이 아주 불안하게 이루어지고 있다. (1점)		
	기록	구분	남자	여자
		40점	38.50 이내	40.00 이내
		35점	38.51 ~ 39.00	40.01 ~ 41.00
		30점	39.01 ~ 39.50	41.01 ~ 42.00
		25점	39.51 ~ 40.00	42.01 ~ 43.00
		20점	40.01 이상	43.01 이상
경영 (자유형 50m)	스타트 및 영법	① 스타트 동작과 영법이 정확하게 이루어지고 있으며, 모든 동작이 자연스럽다. (10점) ② 스타트 동작과 영법 자체가 우수하지만 어딘가 조금은 부자연스러운 동작을 보이고 있다. (7점) ③ 모든 동작에 있어 정확히 하려고 하고 있으나 조금은 어설프게 영법동작이 이루어지고 있다. (5점) ④ 스타트 동작이 어설프고 영법동작도 부자연스럽게 이루어지고 있어 종합동작 자체가 불안하게 이루어지고 있다. (3점) ⑤ 스타트 및 영법동작이 아주 불안하게 이루어지고 있다. (1점)		
	기록	구분	남자	여자
		40점	30.00 이내	31.50 이내
		35점	30.01 ~ 31.00	31.51 ~ 32.50
		30점	31.01 ~ 32.00	32.51 ~ 33.50
		25점	32.01 ~ 32.99	33.51 ~ 34.50
		20점	33.00 이상	34.51 이상

2023년 기준

Chapter 02 구술평가

1 구술시험장

※ 위치는 상황에 따라 변동될 수 있음

2 구술평가 영역

1. 평가항목

① 규정 2개(40점)

② 지도방법 1개(40점)

③ 태도(20점)

※ 지원자가 영역별로 문제지를 추첨하여 실시

2. 합격기준

70점 이상(100점 만점)

영역	배점	분야
규정	40점	시설, 도구, 경기운영
지도방법	40점	도구, 스트로크, 지도대상별 지도방법
태도	20점	질문이해, 내용표현(목소리), 자세·신념, 복장·용모

선생님 TIP — 실기 및 구술 중요 숙지사항

실기 출발신호	휘슬 길게 3회, 짧게 1회 → Take Your Mark → 삑!(휘슬 1회 출발)
구술	1. 복장은 깔끔하고 단정한 옷 2. 입장 시 시험위원한테 인사 3. 구술유형 추첨(A~F유형까지 뽑기) 4. 성명 호명 시 정확하게 대답 5. 구술 질의 시작(답을 모르거나 준비한 답변이 기억 나지 않을 때 우물쭈물하는 것은 더 많은 감점이 발생할 수 있음) 6. 답을 모를 때: 질문하신 문제에 대해 좀 더 공부하도록 하겠습니다. 또는 알았지만, 너무 긴장해서 생각이 잘 나지 않습니다. 유사한 내용으로 답변해도 되겠습니까? (태도점수 영향)

해커스자격증
pass.Hackers.com

해커스 스포츠지도사 수영 실기+구술 초단기 5일 합격

Part 03

수영 실기 준비

Chapter 01 경영 영법 준비
Chapter 02 실전 실기 준비

Chapter 01 경영 영법준비

1 개인혼영(individual medley)

(1) 생활, 유아, 노인체육 지도사 자격증 실기시험 시 치르는 종목

(2) 실기시험으로는 개인혼영 100m를 실시하며 접영, 배영, 평영, 자유형의 순으로 각 종목당 25m씩 실시(전문은 4종목 중 택2, 한 종목당 50m씩 진행). 개인혼영은 4종목당 정확한 페이스(각 종목당 기록)를 맞추는 연습을 하는 것이 매우 중요

<접영>

<배영>

<평영>

<자유형>

선생님 TIP 개인혼영 연습 TIP

접영	4종목 중 체력소모가 가장 크지만 개인혼영의 첫 시작인 접영을 여유롭게 갈 수 있으면 좋다. 시작인 접영부터 너무 힘을 들여서 가면 나머지 종목을 할 때 상대적으로 체력이 많이 떨어져 기준기록(남-1분 30초, 여-1분 40초) 이내로 완주하기 힘들다. 접영을 여유 있게 가려면 첫 출발인 스타트와 돌핀 연습을 많이 진행하면 좋다. 스타트 시 흔히 얘기하는 배치기가 되지 않도록 해주며 돌핀킥은 최대 15m까지 허용 가능하니 돌핀킥이 빠르다면 최대로 차고 나와 주어야 체력을 아낄 수 있다. * 수영장 상황에 따라 스타트다이브를 진행하지 않을 수 있음
배영	배영을 할 때에는 호흡과 킥, 풀 템포를 최대한 잘 맞춰서 오는게 중요하다. 응시자 대부분이 기준기록 이내에 들어오기 위해 무작정 빠르게만 하려는 경향이 있는데 그러면 평영부터 지칠 수 있으니 최대한 호흡과 킥, 풀 템포를 맞추면서 오는 것에 집중해야 한다.
평영	평영을 할 때는 DPS(Distance Per Stroke), 즉 한 스트로크당 나아가는 거리를 늘리는 것이 매우 중요하다. 개인혼영 시 평영을 할 때가 가장 힘든 구간인데 대부분 이때 힘을 빼며 속도를 늦추는 경우가 생긴다. 평영을 할 때 속도를 늦추면 자유형 차례에서 다시 빨리 오기가 힘들어지기 때문에 절대 힘을 빼며 속도를 늦추지 않도록 DPS를 신경 써서 가야 한다.
자유형	자유형은 마지막 종목이기 때문에 남아있는 힘을 다하여 최대한 빠르게 하고, 마지막 5m 구간에서는 호흡을 참으며 막판 스퍼트를 내주는 것이 좋다.

2 자유형(Freestyle stroke / Crawl stroke)

(1) 자유형은 말 그대로 자유롭게 할 수 있는 수영의 형태를 얘기하며 우리가 보통 자유형이라고 부르는 것은 크롤 영법을 이야기함. 크롤은 저항이 적고 속도가 가장 **빠르기** 때문에 지금까지 자유형의 자세로 이어지고 있음

(2) 두 팔은 끊임없이 교대로 움직이며 물을 저어가고, 두 다리는 상하로 움직이며 물을 뒤편으로 밀어내는 자세로, 계속적인 추진력을 얻을 수 있는 가장 **빠른** 영법

 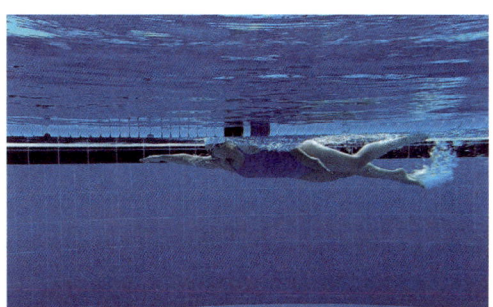

(3) 스트로크는 엔트리(입수) - 캐치(잡기) - 풀(당기기/누르기) - 푸시(밀기) - 피니시(끝내기) - 리커버리(되돌리기) 순으로 진행됨

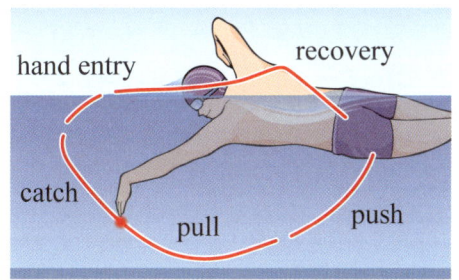

선생님 TIP 자유형 연습 TIP

엔트리(입수)	엔트리를 할 때에는 저항이 최대한 적어야 한다. 대부분 엔트리 시 팔꿈치가 수면에 떨어지면서 저항이 커지게 되는데 저항을 최소화하기 위해서는 손끝, 손목, 팔꿈치, 어깨 순서대로 팔을 물속에 입수시켜 주어야 한다.
캐치(잡기)	물을 밀어내기 위한 첫 번째 동작으로, 캐치 동작이 잘 이루어져야 한다. 글라이딩 이후 큰 공을 굴려 잡는 느낌으로 팔꿈치를 세워 물을 걸어 잡아 준다.
풀(당기기)	추진력을 가장 크게 발생시키는 동작으로, 캐치에서 충분히 걸려 있는 물을 뒤쪽 방향으로 밀어내 주며 앞으로 나아가 준다.
푸시(밀기)	엔트리 이후 팔을 멀리 뻗어내는 글라이딩 동작으로, 옆구리까지 늘어나는 느낌이 나게 최대한 멀리 뻗을 수록 좋다.
피니시(끝내기)	물을 너무 끝까지 밀어 퍼 올리는 느낌보다는 풀 동작에서 최대한 자연스럽게 마무리될 수 있도록 힘을 **빼**며 마무리해 준다.
리커버리(되돌리기)	피니시 동작에서 멈추지 않고 연결하여 팔을 가져와야 하며, 리커버리 시 롤링 동작이 잘 이루어지지 않으면 팔을 가져오기 힘들기 때문에 반대팔을 멀리 뻗어내며 롤링을 충분히 해줘야 함

3 배영(Back stroke)

(1) 배영은 누워 뜬 자세로 자유형과 마찬가지로 양팔과 양다리를 번갈아 가며 움직이며 바로 누운 자세로 얼굴은 항상 수면 위에 내놓고 역영

(2) 출발이나 턴 후 15m 이내 거리에서, 선수는 완전히 물속에 잠기는 경우를 제외하고 15m 이내에 머리가 수면에 나와야 함. 역영을 끝낼 때에는 누운 자세로 벽에 터치해야 하며 등이 보이면 안 됨

(3) 롤오버턴(Roll over turn)은 배영 시 진행하는 턴 방법으로, 배영으로 가다가 벽 앞에서 엎드린 자세로 플립턴을 하여 벽을 찬 후 누워서 나가는 턴

선생님 TIP | 배영 연습 TIP

호흡	• 한 번의 스트로크당 한 번씩, 손이 엔트리 시 숨을 내쉬어 준다. • 배영은 누워있기 때문에 대부분 호흡의 타이밍을 맞추지 않고 자유롭게 쉬는데 템포를 맞추기 위해서는 호흡의 역할이 매우 중요하다.
발차기(kick)	대부분 배영을 할 때 편하게 누워 있는 자세로 킥을 차다보니 몸에 힘이 너무 많이 빠져 코어에 힘이 들어가지 않게 된다. 이로 인해 발차기 시 무릎이 물 밖으로 나오게 되는데 유선형 자세를 최대한 길게 유지해서 킥을 차 주면 자연스럽게 코어에 힘이 들어가 무릎이 물 밖으로 나오지 않는다. 발끝과 발등은 수면에 터치한다 생각하고 킥을 차 준다. 배영 킥은 한 스트로크당 3번의 발을 차 줘야 한다.
팔돌리기(pull)	배영 리커버리 시 팔은 최대한 천장으로 길게 엔트리까지 뻗는다고 생각하고 가져와 준다. 롤링이 과하게 되면 물속 동작 시 바닥으로 물을 누르게 되니 풀동작에서 물을 잡을 때에는 물속에 있는 팔이 몸통 옆구리 라인을 넘어가지 않도록 주의해야 한다.
발차기& 팔돌리기 템포	• 배영을 처음 배울 때 대부분 뜨기 편하게 차렷 자세로 시작하다 보니 킥, 풀 템포에 어려움을 많이 느끼게 되는데 이는 배영을 잘하기 위해서 가장 중요한 요소이므로 킥과 풀의 템포를 정확하게 맞출 줄 알아야 한다. • 팔 동작은 피니시 후 손이 아래쪽에서 멈추지 않도록 리커버리 동작으로 연결해야 한다. 또한 리커버리하는 팔과 풀 동작하는 팔 중 어느 한쪽이 더 빠르지 않게 양팔이 풍차돌리기처럼 균형있게 움직여야 템포를 맞출 수 있다. • 킥과 풀 템포는 피니시 후 올라가는 팔과 같은 쪽 발을 올려서 차줘야 한다. 예 오른발 피니시 후 리커버리 시 오른발을 올려 차준다.

4 평영(Breast stroke)

(1) 4가지의 동작 중 스트로크의 크기가 가장 작기 때문에 기록이 제일 느림. 두 팔과 두 다리를 오므렸다가 팔은 앞으로 다리는 뒤로 펴는 영법으로 호흡 시 이외에는 얼굴을 물에 넣고 유선형 자세를 잡아 속도를 내는 영법

(2) 스타트 또는 턴 후 평영 잠영을 할 때 돌핀킥 1번, 풀동작 1번, 평영킥 1번만이 허용됨

(3) 접영, 배영, 자유형의 돌핀킥 허용 거리는 15m까지이며 평영은 한 번의 돌핀킥과 한 번의 스트로크, 한 번의 평영킥 만이 허용되기 때문에 4종목 중 유일하게 잠영의 거리 제한이 없음

선생님 TIP 평영 연습 TIP

호흡	스트로크 한 번당 한 번의 호흡으로 이루어진다.
발차기(kick)	평영은 4종목 중 속도를 내는데 킥의 역할의 비중이 가장 크다. 킥이 70~80%의 역할을 차지하며 그만큼 발차기를 잘 차 줘야 한다. 다리를 당겨올 때는 발바닥이 수면에 스친다고 생각하며 힘을 뺀 상태로 다리를 가져와야 한다. 이 때, 발목을 최대한 당겨 올려준 후 발바닥을 살짝 눌러 발바닥에 물이 누르는 느낌이 나도록 킥을 차준다. 킥을 찬 후에는 절대 힘을 풀지 말고 끝까지 곧은 유선형 자세를 유지시켜 줘야 한다.
팔돌리기(pull)	대부분 팔 동작을 할 때 팔을 몸 쪽으로 당겨오면 상체가 뜨지 않아 속도를 내기 쉽지 않다. 팔 동작 시 양손을 멀리 뻗으며 밖으로 벌려 준 후 손바닥과 팔꿈치를 동시에 눌러 모아준다는 느낌으로 물을 잡아야 상체가 뜬다. 풀 동작 후 호흡을 하느라 대부분 멈추게 되는데 그러면 몸이 가라앉게 된다. 풀동작 후 절대 멈추지 말고 빠르게 손끝을 던지며 리커버리 동작으로 연결시켜 줘야 한다.
발차기& 팔돌리기 템포	평영은 4가지 종목 중 팔과 발의 템포의 중요성이 가장 큰 종목이다. 킥, 풀 템포는 풀 동작 이후 손을 찌르며 팔이 리커버리하는 동시에 킥을 차주면서 몸의 중심이 앞쪽으로 이동할 수 있게 힘을 써 줘야 한다. 킥을 찬 후에는 항상 유선형 자세를 유지시켜 줘야 저항 없이 추진력이 잘 발생해 속도가 난다.

5 접영(Butterfly stroke)

(1) 풀 동작은 양팔을 함께 돌리며 킥은 양다리를 붙인 상태로 함께 차야 한다. 킥의 형태는 돌핀킥과 같음

(2) 접영은 양발을 모은 상태에서 상하로 발차기를 할 때 허리를 움직임으로써 나오는 파동성이 무릎을 통해 발끝까지 전달되어 물을 밀어내는 원리이다. 허리를 상하로 움직이게 되며, 이때 허리가 움직이면 중심점이 변하게 되므로 몸은 상·하의 방향으로 이동하며 추진력을 얻게 됨

(3) 접영의 입수동작부터 되돌리기 동작까지는 엔트리(입수) - 푸시(누르기) - 캐치(잡기) - 스컬링풀(잡아당기기) - 피니시(밀어내기) - 리커버리(되돌아오기) 순서로 진행

선생님 TIP 접영 연습 TIP

호흡	스트로크 한 번당 한번의 호흡으로 이루어진다.
발차기(kick)	접영은 한 스트로크당 2번의 발차기로 이루어지는데 손이 입수할 때 몸통의 웨이브가 들어가며 엉덩이가 수면 위로 올라오게끔 발등을 눌러 크고 길게 차는 첫 번째 킥과, 물을 밀어내는 풀 동작 시 웨이브 없이 짧고 강하게 발만 차는 2번째 킥으로 이루어진다. 발을 찰 때는 세게만 차려고 하다 보니 무릎을 접으면서 차게 되는데 그러면 발을 정확하게 눌러 차 주지 못해 웨이브가 되지 않는다. 첫 번째 킥을 찰 때는 무릎을 접는 느낌보다 바닥으로 살짝 무릎을 떨어트린다는 느낌으로 차줘야 엉덩이가 수면 위로 올라 올 수 있다. 두 번째 발차기를 찰 때는 절대로 웨이브를 하지 말고 발만 살짝 눌러서 짧고 강하게 차 줘야 한다.
팔돌리기(pull)	접영 시 팔은 양팔을 같이 돌리기 때문에 상대적으로 물을 밀어내는 데 어려움이 있다. 그러다 보니 풀 동작 시 팔꿈치가 떨어지며 물을 쓰다듬듯이 밀어내게 되는데 그러면 추진력을 얻을 수 없게 되며 리커버리 시 팔을 가져오기 힘들어진다. 엔트리 후 캐치 동작에서 물을 잘 눌러 잡아 캐치에서 풀 동작 시 팔꿈치가 떨어지지 않도록 유지하며 물을 뒤쪽 방향으로 밀어내 주는 것이 매우 중요하다.
발차기 & 팔돌리기 템포	엔트리 시 팔을 멀리 뻗으며 첫 번째 킥을 차며 캐치 동작까지 팔을 가져와 주고 풀 동작으로 연결시키며 두 번째 발차기를 차며 피니시와 두 번째 킥의 끝이 같게 템포를 맞춰 준다.

6 스타트(Dive)

(1) 스타트 다이브는 양발을 모아 뛰는 그랩 스타트와 다리를 앞뒤로 교차시켜 뛰는 크라우칭 스타트, 배영 시 물속에서 출발하는 배영 스타트, 총 3가지 종류로 분류(실기시험 시 수영장의 상황에 따라 스타트로 진행할 수도 있고 물속 출발로 할 수도 있음)

(2) 실기 시험을 볼 때에는 대부분 스타트대가 없는 장소에서 시험을 치르기 때문에 데크에서 스타트를 진행하게 되는데, 이때 한쪽 발을 뒤에 두는 크라우칭 스타트는 뒷발이 미끄러질 수 있는 위험 요소가 발생할 수 있기 때문에 안전하게 양발을 모아 뛰는 그랩 스타트 방법을 추천함

<그랩 스타트 방법>

<크라우칭 스타트 방법>

7 개인혼영 턴(IM Turn)

개인혼영 시 각 종목마다 돌아서 나가는 턴의 방법이 다른데 접영에서 배영으로 가는 턴, 배영에서 평영으로 가는 턴, 평영에서 자유형으로 가는 턴으로 크게 총 3가지의 방법으로 분류

1. 접영에서 배영으로 가는 턴 방법

① 접영으로 연결해 양손으로 터치 후 무릎을 가슴 쪽으로 당겨와 발을 벽 쪽으로 가져 옴

② 발이 벽에 닿으면 상체를 눕혀 유선형 자세를 잡음

③ 유선형 자세를 잡고 벽을 강하게 차고 나아가며 바사로킥(배영 돌핀킥)으로 연결시켜 줌

2. 배영에서 평영으로 가는 턴 방법(4가지)

(1) 사이드 턴

① 깃발이 보이면 스트로크 개수를 세면서 벽과의 거리를 정확하게 맞춤

② 배영으로 넘어와 등이 보이지 않게 몸통을 사이드로 돌리며 터치해 줌

③ 무릎을 가슴 쪽으로 당겨오며 발을 벽 쪽으로 가져와 줌

④ 유선형 자세를 잡으며 벽을 강하게 차고 나아가 줌

(2) 오픈 스핀 턴

① 깃발이 보이면 스트로크 개수를 세면서 벽과의 거리를 정확하게 맞춤

② 누워있는 상태 그대로 터치해 주고, 이때 손의 방향은 손끝이 반대 방향을 바라볼 수 있도록 터치

③ 누워있는 상태 그대로 무릎을 가슴 쪽으로 당기며 옆으로 돌아 줌
④ 유선형 자세를 잡으며 벽을 강하게 차고 나아가 줌

(3) 백턴

① 깃발이 보이면 스트로크 개수를 세면서 벽과의 거리를 정확하게 맞춤
② 누워있는 상태로 벽을 바라보며 벽의 중심부까지 터치한다 생각하고 물속으로 깊게 들어가며 터치
③ 터치한 손의 손바닥으로 벽을 강하게 위로 밀어주며 거꾸로 돌아 줌
④ 유선형 자세를 잡으며 벽을 강하게 차고 나아가 줌

(4) 크로스오버 턴

① 깃발이 보이면 스트로크 개수를 세면서 벽과의 거리를 정확하게 맞춤
② 등이 보이지 않게 몸통을 사이드로 돌려 벽을 바라보며 벽의 중심부까지 터치한다 생각하고 깊게 들어가며 터치
③ 터치한 손의 손바닥으로 벽을 강하게 밀어주며 정수리가 바닥 쪽으로 가게끔 사선 방향으로 돌아줌
④ 유선형 자세를 잡으며 벽을 강하게 차고 나아가 줌

3. 평영에서 자유형으로 가는 턴 방법

① 평영으로 연결해 양손으로 터치 후 무릎을 가슴 쪽으로 당겨와 발을 벽 쪽으로 가져 옴
② 발이 벽에 닿으면 시선이 옆쪽을 볼 수 있도록 몸통을 옆으로 돌리며 유선형 자세를 잡아 줌
③ 유선형 자세를 잡고 벽을 강하게 차고 나아가며 돌핀킥으로 연결시켜 줌

Chapter 02 실전 실기 준비

1 12주 훈련 프로그램

생활체육, 유아, 노인 수영 실기시험은 개인혼영 100m 시험으로 남자 1분 30초 이내, 여자 1분 40초 이내로 들어와야 하는 기준기록이 있음. 기준기록 내로 들어오지 못하면 불합격 처리가 되므로 기록 이내로 들어오는 것이 수영 실기시험 시 가장 중요한 요소. 생활체육인 대상으로 이 기준기록은 결코 쉬운 기록이 아니기 때문에 최소 3년 이상의 수영 경력과 체력이 필요로 하며, 기록 단축을 위해서 체력증진에 도움이 될 적절한 훈련이 필요함

2 훈련 용어 설명

warm-up(w-up, 워밍업)	훈련 전 몸에 열을 올려 부상을 방지해 주는 준비운동
sculling(scull, 스컬링)	물감 형성을 위해 손을 사용하여 앞으로 나아가며 물감을 만들어 내기 위한 드릴 훈련
drill(드릴 스윔)	자세 교정을 위해 천천히 수영하며 속도보다는 자세에만 집중하는 훈련
main set(메인세트)	운동 중 가장 주된 훈련으로 훈련 강도가 높음. 체력을 기르고 기록 단축을 위해 진행
easy(이지)	최대한 천천히 수영하며 올라간 맥박을 내려 주는 것
kick(킥)	발차기 훈련
pull(풀)	다리에 부이를 끼고 팔만 돌리며 팔 힘을 길러주기 위한 훈련
dive(다이브)	위에서 다이브 뛰는 훈련
down(다운)	마무리 운동으로 맥박을 내려 주며 부상을 방지해 줌
choice(초이스)	원하는 종목으로 진행
paddle(패들)	손에 끼는 장비
fin	오리발
odd(홀수)	상황에 따라 갈 때
even(짝수)	상황에 따라 올 때
individual medley(im, 아이엠)	개인혼영
butterfly(fly, 버터플라이)	접영
back stroke(back, 백스트로크)	배영
breast stroke(br, 브레스트 스트로크)	평영
freestyle(free, 프리스타일)	자유형
kick-drill(k.drill, 킥드릴)	킥을 강하게 차면서 캐치업 드릴로 진행하는 훈련(드릴이지만 스피드가 있음)
back dolphin(back dol, 백돌핀)	수면에 누워 떠서 유선형 자세를 잡고 접영킥을 차 주는 것
dolphin kick(돌핀킥)	물속에서의 잠영킥 유선형 자세로 접영 발차기를 차 주는 것
streamline(스트림 라인)	다이브 후 유선형 자세를 물에 뜰 때까지 끝까지 잡아 주는 연습

normal(노말스윔)	장비착용을 아무것도 하지 않고 하는 것	
turn(턴)	각 종목마다 역영 후 벽에서 돌아 나아가는 연습	
touch(터치)	거리가 끝난 후 벽을 손으로 터치하여 마무리하는 훈련	
sprint(스프린트)	속도를 매우 빠르고 강하게 하는 연습	
rest(레스트)	싸이클과는 다른 개념으로, 도착한 시간으로부터 주어진 시간만 짧게 쉬고 나가는 것 예) 10초 rest 기준 35초에 도착하면 45초에 출발	
break-out(브레이크 아웃)	돌핀킥 이후 수중에서 수면으로 올라오며 수영으로 연결시키는 구간	

3 훈련 프로그램

1. 1~3주 지구력 훈련

요일	훈련방식	비고

월	w-up: 400m choice
	scull: 200m
	drill: 50m×8 IM 1"15
	main set: (100m×4 + 50m×6) × 3set
	    100m 25m씩 IM
	    50m 1개당 25m씩(접배, 배평, 평자)
	    - fin 100m-2"00, 50m-1"00
	    - paddle 100m-2"10, 50m-1"10
	    - normal 100m-2"20, 50m-1"20
	easy: 50m
	kick: 50m×6 odd-back even-back dol 1"00 w.fin
	dive: 25m×4 + streamline×4
	down: 100m
		• drill: 종목당 2개씩 진행
		• main: 50m는 접배 1개 배평1개 평자 1개 × 2번으로 진행(오리발 착용 시 평영은 접영킥으로 진행)
		• kick: 크고 강하게 차기
		• dive: 주로 접영으로 진행하는 것이 좋음

화	w-up: 300m choice
	drill: 50m×8 1"10 w.fin&paddle
	scull: 200m
	pull: 50m×6 2-free 1-back 1"15 w.paddle
	      25m×8 odd-free even-im 1"00
	main set: (50m×6)×3set IM 1"10
	      (25m씩 접배, 배평, 평자)
	kick: 50m×6 choice 1"15
	dive: 25m×4
	down: 100m
		• drill: 종목당 2개씩 진행
		• main: 50m는 접배 1개, 배평 1개, 평자 1개 × 2번으로 총 3세트 진행
		• kick: 차고 싶은 종목 강하게
		• dive: 주로 접영으로 진행하는 것이 좋음

수	w-up: 300m choice
	scull: 200m
	drill: 50m×8 IM 1"10 w.fin&paddle
	k.drill: 25m×6 FR 50" w.fin
	main set: (50m×4 + 25m×8) × 3set IM
	      - 50m 1개씩 IM 1"15(평영 1"30)
	      - 25m 1개씩 IM 1"00
	kick: 25m×12 IM 1"00
	dive: 25m×4
		• drill: 종목당 2개씩 진행
		• main: 1개씩 IM
		• kick: 종목당 3개씩 매우 빠르고 강하게 차기
		• dive: 주로 접영으로 진행하는 것이 좋음

* w.는 with의 약자
- 자유수영 시 장비 사용이 자유롭지 않으므로 장비 미착용 시 사이클을 늘려서 진행
- 본 훈련의 사이클은 생활체육 기준 평균 이상 실력의 사이클이므로 각자의 실력에 맞는 사이클로 행하며 체력상승 시 사이클을 조금씩 줄여 나가면서 하면 더 효과적으로 훈련할 수 있음

요일	훈련방식	비고

목	w-up: 300m choice
	scul: 200m
	drill: 50m×12 im 3개씩 1"10 w.fin
	pull: 50m×6 free 1"15 w.paddle
	main set: (50m×3 + 25m×4 + 100m) × 3set IM
	    - 1set w.fin 50m-1"00 / 25m-45"
	    - 2set w.paddle 50m-1"10 / 25m-50"
	    - 3set normal 50m-1"15 / 25m-1"00
	kick: 50m×8 fly-4 /fr-4 1"10 w.fin
	dive: 25m×4
		• drill: 종목당 3개씩 진행
		• pull: 팔동작 길게 짧아지지 않게
		• main: 50m는 접배 1개, 배평 1개, 평자 1개로 진행(오리발 착용 시 평영은 접영킥으로 진행)
		• kick: 크고 강하게 차기
		• dive: 주로 접영으로 진행하는 것이 좋음

금	w-up: 400m choice scull: 200m kick: 100m×6 25m-fly 75m-fr w.fin 2"00 swim: 50m×8 free 1"00 main set: (100m×3 + 50m×6) ×3set IM 100m-2"15 / 50m-1"10(25m씩 접배/배평/평자) dive: streamline×4 + 25m×4 down: 100m	• main: 50m는 접배 1개, 배평 1개, 평자 1개 × 2번으로 총 3세트 진행 • kick: 차고 싶은 종목 강하게 • dive: 주로 접영으로 진행하는 것이 좋음

토	w-up: 300m choice
	scull: 200m
	drill: 50m×8 1"20
	main set: (50m×8 + 100m) × 3set IM
	    50M odd- free / even- IM(50m 1개씩 진행)
	    - 1set paddle 50m 1"10
	    - 2set fin,paddle 50m 1"00
	    - 3set normal 50m 1"15
	kick: (25m×6)×2set choice
	1set: w.fin 50" 2set-normal 1"00
	dive: streamlin×2 + 25m×4
	down: 100m
		• drill: 종목당 2개씩 진행
		• main: 50m 1개씩 홀수 자유형 짝수 IM, 평영은 싸이클 +10초
		• kick: 매우 빠르고 강하게 차기
		• dive: 주로 접영으로 진행하는 것이 좋음

* w.는 with의 약자
- 본인에게 맞는 사이클을 측정할 때, 50m 한 바퀴 후 쉬는 시간이 15초가 넘지 않도록 사이클을 조정해야 하며, 100m에는 30초가 넘지 않도록 해야 지구력 상승에 효과가 있음
  예) IM 100m×4개 진행 시 첫 번째 IM 1"30초에 들어오면 2"00 사이클로 4개 진행해야 함
- 3주차에 본 훈련 진행 시 1주차에 비해 다니는 평균 기록이 빨라지거나 사이클 맞추는 것이 여유 있어졌다면 체력증진과 지구력 상승에 효과가 있다는 것임

2. 4~6주 적응훈련

요일	훈련방식	비고

월	w-up: 400m choice
	scull: 200m
	drill: 50m×8 IM 1"15
	main set: (100m×5 + 50m×6) x3set
	        100m 25m씩 im
	        50m 1개당 25m씩 (접배, 배평, 평자)
	        - fin 100m-2"00 50m-1"00
	        - paddle 100m-2"10 50m-1"10
	        - normal 100m-2"15 50m-1"15
	easy: 50m
	kick: 50m×8 odd-back even-back dol 1"00 w.fin
	dive: 25m×4 + streamline x 4
	down: 100m
		• drill: 종목당 2개씩 진행
		• main: 50m는 접배 1개, 배평 1개, 평자 1개 × 2번으로 진행(오리발 착용 시 평영은 접영킥으로 진행)
		• kick: 크고 강하게 차기
		• dive: 주로 접영으로 진행하는 것이 좋음

화	w-up: 300m choice
	drill: 50m×8 1"10 w.fin&paddle
	scull: 200m
	pull: 50m×8 3-free 1-back 1"15 w.paddle
	      25m×8 odd-free even-im 1"00
	main set: (50m×6 + 100m)×3set IM 1"10
	        (25m씩 접배, 배평, 평자)
	kick: 50m×8 choice 1"15
	dive: 25m×6
	down: 100m
		• drill: 종목당 2개씩 진행
		• main: 50m는 접배 1개, 배평 1개, 평자 1개 × 2번으로 총 3세트 진행
		• kick: 차고 싶은 종목 강하게
		• dive: 주로 접영으로 진행하는 것이 좋음

수	w-up: 400m choice
	scull: 200m
	drill: 50m×8 IM 1"10 w.fin paddle
	k.drill: 25m×8 FR 50" w.fin
	main set: (50m×8 + 25m×4)× 3set IM
	        - 50m 1개씩 IM 1"15(평영 1"30)
	        - 25m 1개씩 IM 1"00
	kick: 25m×12 IM 1"00
	dive: 25m×4
		• drill: 종목당 2개씩 진행
		• main: 1개씩 IM
		• kick: 종목당 3개씩 매우 빠르고 강하게 차기
		• dive: 주로 접영으로 진행하는 것이 좋음

* w.는 with의 약자
- 자유수영 시 장비 사용이 자유롭지 않으므로 장비 미착용 시 사이클을 늘려서 진행
- 본 훈련의 사이클은 생활체육 기준 평균 이상 실력의 사이클이므로 각자의 실력에 맞는 사이클로 진행하며 체력 상승 시 사이클을 조금씩 줄여 나가면서 하면 더 효과적으로 훈련할 수 있음
- 다니는 기록을 체크하면서 수영하면 좋음

요일	훈련방식	비고

목	w-up: 400m choice
	scull: 200m
	drill: 50m×12 IM 3개씩 1"10 w.fin
	pull: 50m×8 free 1"10 w.paddle
	main set: (50m×6 + 25m×4 + 100m)× 3set IM
	    - 1set w.fin 50m-1"00 / 25m-45"
	    - 2set w.paddle 50m-1"10 / 25m-50"
	    - 3set normal 50m-1"15 / 25m-1"00
	kick: 50m×8 fly-4 /fr-4 1"00 w.fin
	dive: 25m×4
		• drill: 종목당 3개씩 진행
		• pull: 팔동작 길이 짧아지지 않게
		• main: 50m는 접배 1개, 배평 1개, 평자 1개로 진행(오리발 착용 시 평영은 접영킥으로 진행)
		• kick: 크고 강하게 차기
		• dive: 주로 접영으로 진행하는 것이 좋음

금	w-up: 400m choice
	scull: 200m
	kick: 100m×6 50m-fly 75m-fr w.fin 2"00
	swim: 50m×8 free 1"00
	main set: (100m×4 + 50m×6 + 25m×4)× 3set IM
	    - 100m 2"15
	    - 50m 1"10(25m씩 접배/배평/평자)
	    - 25m 50"
	dive: streamline×4 + 25m×4
	down: 100m
		• main: 50m는 접배 1개, 배평 1개, 평자 1개 × 2번으로 총 3세트 진행
		• kick: 차고 싶은 종목 강하게
		• dive: 주로 접영으로 진행하는 것이 좋음

토	w-up: 300m choice
	scull: 200m
	drill: 50m×8 1"20
	main set: (50m×8 + 100m×4)× 3set IM
	    50m odd- free even- IM(50m 1개씩 진행)
	    100m IM 2"00 (no paddle)
	    - 1set paddle 50m 1"10
	    - 2set fin,paddle 50m 1"00
	    - 3set normal 50m 1"15
	kick: (25m×6)× 2set choice
	1set: w.fin 50" 2set-normal 1"00
	dive: streamline×2 + 25m×4
	down: 100m
		• drill: 종목당 2개씩 진행
		• main: 50m 1개씩 홀수, 자유형 짝수 IM, 평영은 싸이클 +10초
		• kick: 매우 빠르고 강하게 차기
		• dive: 주로 접영으로 진행하는 것이 좋음

* w.는 with 의 약자
• 본인에게 맞는 사이클 측정할 때, 50m 한 바퀴 후 쉬는 시간이 15초가 넘지 않도록 사이클을 조정해야 하며, 100m에는 30초가 넘지 않도록 해야 지구력 상승에 효과가 있음
   예 IM 100m×4개 진행 시 첫 번째 IM 1"30초에 들어오면 2"00 사이클로 4개 진행해야 함
• 적응기가 지나, 전 3주차에 비해 훈련량과 사이클이 조금 줄었기 때문에 속도를 조금 더 올려서 진행해야 사이클을 맞출 수 있음
• 4주차부터는 컨디션이 많이 저하되는데 컨디션이 많이 좋지 않은 날은 훈련보다는 리커버리 형식으로 진행하는 것이 좋으며 연달아 2일 이상은 쉬지 않는 것이 좋음

3. 7~9주 복합 파워훈련

요일	훈련방식	비고

월	w-up: 300m choice
	scull: 200m
	swim: 50m×8 IM 1"10 평영+10초
	pull: 50m×8 odd-free even-back 1"10 w.paddle
	main set: (100m×6 + 50m×9)× 2set
	      - 100m 2개 im 2"00 / 1개 free-1"50
	      - 50m 25m씩(접배,평자) 1"10 / 1개 free-1"00
	kick: 50m×8 4-back 4-back dol 1"10 w.fin
	dive: 25m×4
	down: 100m
		• pull 갈 때 free, 올 때 back
		• main: 100m는 2개, IM 1개 fr / 50m는 접배, 평자, 자
		• kick: 크고 강하게 차기
		• dive: 스타트 돌핀 브레이크아웃 타이밍 잘 맞추기

화	w-up: 400m choice
	scull: 200m
	pull: 50m×8 free 1"10 w.paddle
	drill: 50m×12 im 1"20 w.fin
	main set: (50m×3 + 25m×4)× 3set IM
	      50m-1"30 (접배 배평 평자) / 25m- 45"
	      100m×4 IM 3"00
	kick: (50m×2 + 25m×4) × 2set free
	      50m-1"30, 25m-50"
	dive: 25m×4
		• drill: 종목당 3개씩 진행
		• main: 50m는 접배 1개, 배평 1개, 평자 1개로 총 3세트 진행 / 3세트 후 100m×4 IM 진행
		• dive: 스타트 돌핀 브레이크아웃 타이밍 잘 맞추기

수	w-up: 400m choice
	scull: 200m
	swim: 100m×4 IM 2"10
	kick: 50m×8 2-fly/ 2-free 1"20
	drill: 50m×12 choice 1"30
	main set: (50m×6 + 25m×8)× 3set IM
	      - 1set fin 50m- 1"00 / 25m- 45"
	      - 2set fin&paddle 50m- 1"00 / 25m- 40"
	      - 3set normal 50m- 1"10 / 25m- 50"
	dive: 50m + 25m×2
	      50m- free / 25m- choice
	down: 100m
		• main: 50m 1개씩(접배, 배평, 평자), 25m 2개씩 IM으로 진행
		• dive: 스타트, 돌핀, 브레이크아웃 타이밍 잘 맞추기

* w.는 with의 약자
- 자유수영 시 장비 사용이 자유롭지 않으므로 장비 미착용 시 사이클을 늘려서 진행
- 본 훈련의 사이클은 생활체육 기준 평균 이상 실력의 사이클이므로 각자의 실력에 맞는 사이클로 진행하며 체력상승 시 사이클을 조금씩 줄여 나가면서 하면 더 효과적으로 훈련할 수 있음

요일	훈련방식	비고

목	w-up: 400m choice
	scull: 200m
	drill: 50m×12 IM 1"30 w.fin
	main set: (100m + 50m×4 + 25m×4) × 3set
	    - 1set: 100m free 1"50 / 50m IM 1"20 / 25m IM 45"
	    - 2set: 100m IM 2"00 / 50m free 1"00 / 25m IM 50"
	    - 2set: 100m IM 2"00 / 50m IM 1"15 / 25m free 45"
	kick: 50m×10 2"00 w.fin 5-free 5-back dol
	dive: 25m×4 choice
	down: 100m
		• drill: 종목당 3개씩 진행
		• main: 마지막 세트 진행시 집중해서 기록이 많이 떨어지지 않게 할 것
		• kick: 크고 강하게 차기
		• dive: 스타트, 돌핀, 브레이크아웃 타이밍 잘 맞추기

금	w-up: 300m choice
	scull: 200m
	drill: 50m×8 choice 1"15 w.paddle
	kick drill: 25m×6 free 1"00 w.fin
	pull: 50m×8 3-free 1-back 1"15 w.paddle
	main set: (50m×6 + 100m + 50m×4 + 100m + 50m×2 + 100m)×2set im
	    - 50m 6개(접배, 배평, 평자), 4개(접, 배, 평, 자), 2개(접배, 평자)
	    1set- normal 50m 1"20 / 100m- 2"30
	    2set- w.fin 50m 1"00 / 100m- 2"00
	dive: 25m×4 choice
	down: 100m
		• kick drill: 자유형 캐치업 6번씩 발차기
		• main: 50m 6개(접배, 배평, 평자), 4개(접, 배, 평, 자), 2개(접배, 평자)
		• dive: 스타트, 돌핀, 브레이크아웃 타이밍 잘 맞추기

토	w-up: 300m choice
	scull: 200m
	swim: 50m×8 odd-free even-IM 1"20
	main set: (50m×6)× 2set + (25m×4)× 2set
	    - 50m (접배, 배평, 평자) 15"rest
	    - 25m 25m 1개씩 IM 10"rest
	kick: 50m×8 2-fly / 2-free 1"00 w.fin
	       25m×6 3-free / 1-fly 1"00 sprint kick
	turn: 연습
	down: 100m
		• swim: 홀수 50m-자유형 / 짝수 50m-25m씩 (접배, 평자)
		• main: 50m 각 종목마다 턴 확실하게 잘 돌아 나아가주기, 종목변경 시 속도 줄지 않게 하기 / 25m×4개의 기록 합산이 목표 기록 이내로 들어올 수 있도록 연습해보기
		• kick: 매우 빠르고 강하게 차기
		• turn: 턴 실수하지 않도록 연습하기

* w.는 with의 약자
- 1~6주차까지의 훈련으로 체력증진과 지구력 증진이 되었다면 7~9주 훈련으로는 복합 파워 훈련 진행으로 메인세트 진행 시 속도를 강하게 올려서 진행해야 함
- 토요일 훈련은 시험 대비 포커스 훈련으로 50m에는 스타트, 턴의 실수가 없도록 하며 25m×4 진행 시 4종목의 기록 합산이 목표 기록 안으로 들어 올 수 있도록 강하게 스피드를 올려서 진행해야 함(한 바퀴 후 쉬는 시간이 50m는 15초, 25m는 10초가 넘어가지 않도록 짧게 쉬어주고 출발해야 함)

4. 10~11주 실기시험 대비훈련

요일	훈련방식	비고
월	w-up: 400m choice scull: 200m drill: 50m×8 IM 1"30 w.fin swim: 50m×6 IM 1"30 main set: (25m×4 + 100m)×3set IM - 25m 1개씩 im 45" / 100m im easy: 50m kick: 50m×6 free 1"30 dive: 25m×4 + turn&tuch 연습 down: 100m	• drill: 종목당 2개씩 진행 • main: 50m는 접배 1개, 배평 1개, 평자 1개 × 2번으로 진행(오리발 착용 시 평영은 접영킥으로 진행) • kick: 크고 강하게 차기 • dive: 다이브 연습과 턴, 터치 연습까지 진행해 줘야함
화	w-up: 400m choice scull: 200m pull: 50m×6 2-free 1-back 1"20 w.paddle swim: 50m×6 odd-free even-IM 1"20 im: 1개당 (접배, 배평, 평자) main set: (25m×4)× 3set IM 10"rest 1set 후 휴식 3~5분 kick: 25m×8 im 1"00 dive: 25m×4 + turn&tuch 연습 down: 100m	• main: 실전 시험대비 포커스 훈련으로 25m×4 합산이 목표기록 안으로 들어와야 함 • kick: 종목당 2개씩 • dive: 다이브 연습과 턴, 터치 연습까지 진행해 줘야함

수	w-up: 400m choice
	scull: 200m
	drill: 50m×8 IM 1"10 w.fin paddle
	k.drill: 25m×6 fr 1"00 w.fin
	main set: 50m×6 + 25m×8 IM
	        - 50m 1"30 1개씩(접배, 배평, 평자)
	        - 25m 1개씩 IM 1"00
	dive: 25m×4 + turn&tuch 연습
	down: 100m
		• drill: 종목당 2개씩 진행
		• main: 50m 훈련은 천천히 감만 익힌다는 느낌으로 강도는 약하게, 턴 실수 없이 / 25m 훈련은 스피드 속도 올려서 진행
		• dive: 다이브 연습과 턴, 터치 연습까지 진행해 줘야함

* w.는 with의 약자
• 자유수영 시 장비 사용이 자유롭지 않으므로 장비 미착용 시 사이클을 늘려서 진행
• 본 훈련의 사이클은 생활체육 기준 평균 이상 실력의 사이클이므로 각자의 실력에 맞는 사이클로 진행하며 체력상승 시 사이클을 조금씩 줄여 나가면서 하면 더 효과적으로 훈련할 수 있음

요일	훈련방식	비고
목	w-up: 300m choice scull: 200m swim: 50m×6 IM 1"30 im: 1개당 (접배, 배평, 평자) main set: (25m×4) × 3set IM 10"rest 1set 후 휴식 3~5분 kick: 50m×8 fly-4 /fr-4 1"15 w.fin dive: 25m×4 + turn&tuch 연습 down: 100m	• main: 실전 시험대비 포커스 훈련으로 25m×4 합산이 목표기록 안으로 들어와야 함 • kick: 종목당 2개씩 • dive: 다이브 연습과 턴, 터치 연습까지 진행해 줘야 함

금	w-up: 300m choice
	scull: 200m
	kick: 50m×8 im 1"30
	swim: 50m×8 im 1"30
	main set: 50m×6 + 25m×12 IM
	    - 50m 1개씩(접배, 배평, 평자) 1"30
	    - 25m 4개씩 fin&paddle / fin / normal 1"00
	dive: 25m×4 + turn&tuch 연습
	down: 100m
		• main: 50m는 각 종목마다 턴 실수가 없도록 집중해서 진행 / 25m 4개씩 장비착용을 교체하며 진행 / sprint 훈련
		• kick: 차고 싶은 종목 강하게
		• dive: 주로 접영으로 진행하는 것이 좋음

토	w-up: 400m choice scull: 200m drill: 50m×8 1"30 main set: (25m×4)× 3set IM 10"rest 1set 후 휴식 3~5분 kick: 25m×8 IM dive: 25m×6 + turn&tuch 연습 down: 100m	• main: 실전 시험대비 포커스 훈련으로 25m×4 합산이 목표기록 안으로 들어와야 함 • kick: 종목당 2개씩 • dive: 다이브 연습과 턴, 터치 연습을 포커스로 진행

* w.는 with의 약자
- 자유수영시 장비 사용이 자유롭지 않으므로 장비 미착용 시 사이클을 늘려서 진행
- 본 훈련의 싸이클은 생활체육 기준 평균 이상 실력의 사이클이므로 각자의 실력에 맞는 사이클로 진행하며 체력 상승 시 사이클을 조금씩 줄여나가면서 하면 더 효과적으로 훈련할 수 있음
- 실기시험 전 시험 포커스 훈련으로 쉬는 시간이 길고 운동량이 적기 때문에 집중해서 훈련을 진행해야 함

5. 11~12주 테이퍼링 훈련

요일	훈련방식	비고
월	w-up: 400m choice scull: 200m drill: 50m×8 IM 1"30 w.fin swim: 50m×6 IM 1"30 50m: 1개씩(접배, 배평, 평자) main set: 25m×4 + 100m IM - 25m 1개씩 IM 1"00 / 100m IM easy: 50m kick: 50m×6 free 1"30 dive: 25m×4 + turn&tuch 연습 down: 100m	• drill: 종목당 2개씩 진행 • main: 25m×4 후 충분한 휴식을 취하고 100m 진행, 100m 시 실전 시험처럼 진행하며 기준기록 안으로 들어와야 함 • kick: 크고 강하게 차기 • dive: 다이브, 턴, 터치 연습 집중적으로
화	w-up: 400m choice scull: 200m pull: 50m×6 2-free 1-back 1"20 w.paddle swim: 50m×6 odd-free even-IM 1"30 im: 1개당(접배, 배평, 평자) main set: 25m×4 IM 10"rest kick: 25m×8 im 1"00 dive: 25m×4 + turn&tuch 연습 down: 100m	• main: 실전 시험대비 포커스 훈련으로 25m×4 합산이 목표기록 안으로 들어와야 함 • kick: 종목당 2개씩 • dive: 다이브, 턴, 터치 연습 집중적으로

수	w-up: 400m choice
	scull: 200m
	drill: 50m×8 IM 1"20 w.fin&paddle
	k.drill: 25m×6 fr 1"00 w.fin
	main set: 50m×6 + 25m×8 IM
	          - 50m 1"30 1개씩(접배, 배평, 평자)
	         - 25m 1개씩 IM 1"00
	dive: 25m×4 + turn&tuch 연습
	down: 100m
		• drill: 종목당 2개씩 진행
		• main: 50m 훈련은 천천히 감만 익힌다는 느낌으로 강도는 약하게, 턴은 실수 없이 / 25m 훈련은 속도 올려서 진행
		• dive: 다이브, 턴, 터치 연습 집중적으로

* w.는 with의 약자
- 자유수영 시 장비 사용이 자유롭지 않으므로 장비 미착용 시 사이클을 늘려서 진행
- 본 훈련의 사이클은 생활체육 기준 평균 이상 실력의 사이클이므로 각자의 실력에 맞는 사이클로 진행하며 체력 상승 시 사이클을 조금씩 줄여 나가면서 하면 더 효과적으로 훈련할 수 있음

요일	훈련방식	비고
목	w-up: 300m choice scull: 200m swim: 50m×6 IM 1"30 im: 1개당 (접배, 배평, 평자) main set: 25m×4 IM 10"rest kick: 50m×8 fly-4 / fr-4 1"15 w.fin dive: 25m×4 + turn&tuch 연습 down: 100m	• main: 실전 시험대비 포커스 훈련으로 25m×4 합산이 목표기록 안으로 들어와야 함 • kick: 종목당 2개씩 • dive: 다이브 연습과 턴, 터치 연습까지 진행해줘야 함
금	w-up: 300m choice scull: 200m kick: 50m×8 im 1"30 swim: 50m×8 im 1"30 main set: 25m×12 IM 25m 4개씩 fin&paddle / fin / normal 1"00 dive: 25m×4 + turn&tuch 연습 down: 100m	• main: 50m는 각 종목마다 턴 실수가 없도록 집중해서 진행 / 25m는 4개씩 장비착용을 교체하며 진행 / sprint 훈련 • dive: 다이브 연습과 턴, 터치 연습까지 진행해 줘야 함
토	w-up: 400m choice scull: 200m drill: 50m×8 1"30 kick: 25m×8 im 1"00 swim: 50m×6 im 1"30 im: 1개당 (접배, 배평, 평자) dive: 25m×6 + turn&tuch 연습 down: 100m	• 요일 관계없이 실기시험 하루 전날 운동량으로 진행 • 강도 없이 다이브 턴 터치 위주로 집중해서 진행

* w.는 with의 약자
- 시험 전 가장 크게 하는 실수는 시험이 다가왔다고 마음이 급해지면서 역으로 운동 강도는 더 높게, 운동량은 더 많이 하는 것임. 하지만 이는 몸에 무리를 주어 시험 당일에 컨디션이 더 좋지 않게 함
- 12주 프로그램을 꾸준히 진행하였다면 시험 1주일 전에는 운동량을 대폭 줄이고 시험 포커스에 맞춰 집중적으로 훈련을 진행해야 테이퍼링에 효과가 있음
- 시험 3일 전부터는 절대적으로 고강도의 많은 훈련을 진행하면 안 됨
- 시험 하루 전날에는 가볍게 워밍업 정도로만 훈련을 진행하며 마지막으로 스타트, 턴 위주의 스킬에 집중하여 훈련하는 것이 좋음

pass.Hackers.com

해커스자격증
pass.Hackers.com

Part 04

구술 기출문제 (2024~2018)

구술 기출문제(2024~2018)

01 생활체육이란? ★★

정답분석 생활체육은 일상생활에서 접할 수 있는 모든 신체활동으로, 개인 또는 단체가 더 나은 삶을 영위하기 위해 가정, 직장, 지역사회 등을 중심으로 자발적으로 참가하는 스포츠 활동을 의미한다.

- 인간 삶의 질 향상을 위해 연령대 기준으로 유아체육, 아동, 청소년, 성인 전·후기, 노인체육 영역, 장소 기준으로 가정, 직장, 지역사회 및 상업시설 등을 중심으로 이루어지는 모든 체육활동을 말한다.
- 건강과 체력증진을 위한 자발적이고 일상적인 체육활동으로, 경기스포츠에서부터 대중스포츠까지 넓은 범위를 포함한다.
  (목적: 신체활동의 부족, 자기표현의 기회 상실, 인간관계 등과 관련하여 신체활동을 통하여 체력을 단련하고 생활에 활력을 가져 보다 밝고 풍요한 생활을 영위하는 데 있다).

02 생활체육의 필요성에 대하여 설명하시오. ★★

정답분석 생활체육은 인간의 여가 활동 수단으로, 건전한 사회풍토 조성, 스트레스 및 우울증 해소, 공동체 의식 강화, 국민건강 유지에 이바지할 수 있다.

- 생활체육은 인간의 여가 시간을 건설적, 교육적으로 선용하는 기회를 제공하며 건전한 사회 풍토 조성에 기여한다(여가 활동 수단).
- 생활체육은 현대사회의 각종 병리 현상으로 인하여 발생하는 스트레스(걱정, 갈등, 열등감, 죄의식, 우울증) 및 공격성 해소에 기여한다(스트레스, 우울증 해소).
- 생활체육은 팀워크, 공동체 의식 강화, 사회적 결속 등을 통하여 원만한 사회생활 영위에 기여한다(공동체 의식 강화).
- 생활체육은 운동시간이 부족한 현대인들에게 필요한 적정량의 신체활동 기회를 제공하여 건강 증진과 강한 체력 육성에 기여한다(국민건강 유지).

03 생활체육의 3대 요소는? ★

정답분석 프로그램, 시설, 지도자가 3대 요소이며 그 외에 조직, 재정, 홍보 등이 있다.

04 생활체육 특징과 역할(기능)에 대하여 설명하시오. ★★★

정답분석

생활체육의 역할(기능)은 질병 예방과 치료기능, 스트레스와 긴장 완화를 통한 정서적 균형 유지, 타인과의 관계를 통한 공동체 의식을 함양하고 소속감과 유대감 형성에 이바지할 수 있다.

- 특징: 생활체육은 일반대중이 주체이고, 국민건강과 여가생활 영위를 통한 건전한 사회풍토를 조성한다.
- 기능(역할)

생리적 기능	체력 및 근력 증진을 통한 성인병 예방, 치료 및 완화 등 질병 예방과 치료기능
심리적 기능	스트레스와 긴장 완화, 건강한 자아상 형성을 통한 우울증 감소, 정서적 균형 유지 기능
사회적 기능	타인과 융합하는 과정에서 사회규범 습득을 통해 공동체 의식을 함양하고 소속감과 유대감 형성에 기여

05 생활체육 지도자의 자질에 대하여 설명하시오. ★★

정답분석

- 개성과 관련된 자질 - 민주적인 분위기의 확보
- 능력과 관련된 자질 - 스포츠 지식과 기술, 지도법과 능력 등
- 태도와 관련된 자질 - 성실하고 책임감이 강해야 함
- 의사전달 능력
- 투철한 사명감
- 긍정적이고(활달하고) 적극적(강인한) 성격
- 도덕적 품성
- 칭찬의 미덕(동기유발)
- 공정성
- 확고한 신념, 의사결정능력, 적절한 활동 습관

06 생활체육 지도자의 역할은? ★★

정답분석

운동기능의 전수, 생활체육의 전문지식 전달, 운동 처방, 생활체육시설의 운영 및 관리(안전사고 예방, 시설 관리 등), 생활체육의 체계적 활동 전개, 사회봉사 활동, 체육에 대한 긍정적인 신식 정착을 위한 노력 등이 있다.

구술 기출문제(2024~2018)

07 생활체육 지도자의 기능은?

정답분석
- 생활체육 활동 목표설정
- 생활체육 프로그램 및 효율적인 지도법 연구
- 생활체육 지도자 간의 인간관계 유지
- 생활체육 재정의 관리
- 생활체육 활동용 도구의 효율적 활용
- 생활체육에 관한 연구 활동
- 지역사회와의 유대관계 형성 및 강화
- 안전사고 예방 및 시설 관리
- 활동 내용의 기록 및 문서 관리

08 수영의 역사에 대해 설명하시오.

정답분석
- 수영은 인류가 생존을 위해 물에서 식량을 획득하거나 더위, 화재, 맹수, 전쟁으로부터 회피, 놀이의 수단으로 수영이 시작된 것으로 추측할 수 있다.
- 세계적으로는 1회 아테네올림픽에서 정식종목으로 채택되었고 1908년 4회 런던올림픽에서 FINA가 결성되었다.
- 국내의 경우는 1898년 무관학교에서 처음 수영을 가르쳤고 지금의 동아수영대회의 시초인 제1회 전국 학생수영 경기대회가 1929년에 개최되었다. 이어서 1946년 조선 수상 경기연맹이 창립되고, 1952년 국제 아마추어 수상연맹에 가입하였으며 1966년에 지금의 대한수영연맹으로 개칭하였다.

09 대한민국을 대표할 만한 수영인은?

정답분석
- 조오련 선수는 한국 최초의 아시안게임 메달리스트이다.
- 최윤희 선수는 만 15세의 나이에 1982 뉴델리 아시안 게임의 여자 배영 100m, 200m와 개인혼영 200m에서 금메달 3개, 1986년 서울 아시안 게임의 여자 배영 100m, 200m에서 금메달 2개를 획득하였다.
- 박태환 선수는 아시아에서 수영 종목으로 나오기 힘든 한국 최초의 올림픽 금메달리스트이다.
- 김서영 선수는 여자 개인혼영 종목 아시안 게임 금메달리스트이다.
- 황선우 선수는 박태환 선수의 신기록을 갈아치우며 현재 가장 영향력 있는 자유형 선수이다.

10 올림픽 규정 스타트대와 터치패드 규격에 대하여 설명하시오. ★★★ [빈출]

- 스타트대 규격
  - 높이는 수면으로부터 50~70cm이다.
  - 면적은 가로 50cm x 세로 50cm이다.
  - 최대 경사는 10도 이하이다.
  - 발판에 미끄럼방지가 되어 있다.
  - 재질은 탄력이 없는 단단한 재질이다.
- 배영 렛지: 폭 최소 65cm, 발판 크기 8cm, 최대 두께 2cm, 경사 10도, 발판은 수면의 높이 ±4cm 조절 가능하다.
- 터치패드 규격: 가로 2.4m, 세로 0.9m, 두께 0.01m, 수면위 0.3m, 수면아래 0.6m이다.

11 피나규정상 대회복 착용 기준은? ★

- FINA 수영의 승인을 받은 수영복만 허용된다(FINA 표시).
- 남성은 배꼽 위, 무릎 아래로 연장되어서는 안 된다.
- 여성은 목을 덮거나 어깨를 넘거나 무릎 아래로 연장되어서는 안 된다(전신 수영복 금지).
- 수모는 최대 2개까지 착용을 허용한다.

12 대회 시 수심과 수온에 대하여 설명하시오. ★★★

- 수심은 최소 2m, 최대 3m이다.
- 수온은 25~28℃이다.

구술 기출문제(2024~2018)

13 스타트 종류에 대하여 설명하시오.

정답분석
- 그랩 스타트(grab start)는 과거 스타트대에 뒷발판이 도입되기 전에 하였던 일반적인 스타트 방법으로, 양발을 데크에 가지런히 놓고 뛰기 때문에 안정적이고 힘차게 뛸 수 있다.
- 크라우칭 스타트(crouching start)는 육상의 출발에서 도입된 스타트 방법으로, 한 발은 데크에 발가락을 걸고 다른 한 발은 뒤쪽에 위치하여 뛰는 방법이다. 그랩 스타트에 비해 빠르게 뛰어나갈 수 있다는 장점이 있어 현재는 대부분의 선수들이 크라우칭 스타트를 구사한다.
- 배영 스타트는 물속에 입수하여 스타트대에 손잡이를 잡고 출발하는 방법이다.

14 국제규격 수영장의 레인 규격과 레인별 색상에 대하여 설명하시오.

정답분석
- 레인은 올림픽의 경우 8개, 세계선수권의 경우 10개이다.
- 길이는 가로 25m, 세로 50m이다.
- 레인 폭은 2.5m이다.
- 로프 직경은 5~11cm이다.
- 레인별 코스로프 색상
  - 올림픽은 1·8번은 초록, 2·3·6·7번은 파랑, 4·5번은 노랑이다.
  - 세계선수권(0~9레인일 경우): 0·9번은 초록, 1·2·3·6·7·8번은 파랑, 4·5번은 노랑이다.

15 올림픽 기준 수영장 풀의 수심은 최소 몇 미터인가?

정답분석
최소 1.8m 이상이어야 한다.

16 다이빙장의 규격에 대해 설명하시오.

정답분석
가로와 세로는 25m, 수심은 5m, 경영과 다이빙 풀과의 거리는 5m이다.

17 수영의 종류에 대하여 설명하시오. ★★

정답분석 수영은 스포츠의 대표적 기초 종목으로서 경기 종류에 따라 크게 경영, 다이빙, 아티스틱 스위밍, 수구, 오픈워터, 하이 다이빙 총 6가지의 종목으로 분류한다.

18 경영 종목에 대하여 설명하시오. ★★★ [빈출]

정답분석 경영 종목으로는 접영, 배영, 평영, 자유형, 개인혼영으로 총 5가지의 종목이 있다.
- 자유형(Freestyle stroke/Crawl stroke) 크롤수영: 스트로크는 앤트리(입수) - 캐치(잡기) - 풀(당기기/누르기) - 푸시(밀기) - 피니시(끝내기) - 리커버리(되돌리기) 순으로 진행된다.
- 배영(Back crawl stroke): 롤오버턴(Roll over turn)은 배영 시 진행하는 턴 방법으로 배영으로 가다가 벽 앞에서 엎드린 자세로 플립턴을 하여 벽을 찬 후 누워서 나가는 턴이다.
- 평영(Breast stroke): 접영, 배영, 자유형의 돌핀킥 허용 거리는 15m까지이나, 평영은 한 번의 돌핀킥과 한 번의 스트로크, 한 번의 평영킥만이 허용되기 때문에 4종목 중 유일하게 잠영의 거리제한이 없다.
- 접영(Butterfly stroke): 입수동작부터 되돌리기 동작까지는 엔트리(입수) - 푸시(누르기) - 캐치(잡기) - 스컬링풀(잡아당기기) - 피니시(끝내기) - 리커버리(되돌아오기) 순서이다.
- 개인혼영(individual medley): 경영 종목의 하나이며 한 명의 선수가 전 종목 접영·배영·평영·자유형의 순서대로 역영하며 거리는 200m와 400m가 있다.

19 배영 스타트 방법에 대하여 설명하시오. ★★

정답분석
- 심판장이 호각을 짧게 세 번, 길게 한 번 불면 물에 들어간다.
- 심판장이 호각을 길게 한번 불면 스타트대를 잡는다.
- 출발심판이 'take your marks'라고 하면 팔을 당겨 준비한 후 출발신호와 함께 출발하고, 잠영으로 머리가 15m 이상 넘어가면 실격이 된다.

구술 기출문제 (2024~2018)

20 경영 단체종목에 대하여 설명하시오.   [빈출]

정답분석
- 계영(400m, 800m): 남자 선수 4명 또는 여자 선수 4명(동성)이 자유형으로 하는 경기 종목으로, 400m는 개인당 100m씩 역영하며 800m는 개인당 200m씩 역영한다.
- 혼계영(400m): 남자 선수 4명 또는 여자 선수 4명(동성)이 배영, 평영, 접영, 자유형 순으로 각각 100m씩 한 영법으로 나눠서 역영하는 종목이다.
- 혼성 계영(400m): 남자 선수 2명, 여자 선수 2명(혼성)이 자유형으로 각각 100m씩 역영하는 종목이다.
- 혼성 혼계영(400m): 남성 2명, 여성 2명이 배영, 평영, 접영, 자유형 순으로 각각 100m씩 한 영법으로 나눠서 역영하는 종목이다.

21 경영 레인 배정 순서에 대하여 설명하시오.

정답분석 예선 경기 기록을 바탕으로 가장 빠른 선수를 풀 가운데 레인에 배정하는 방식으로 1레인 7위, 2레인 5위, 3레인 3위, 4레인 1위, 5레인 2위, 6레인 4위, 7레인 6위, 8레인에 8위가 배정된다.

레인	1레인	2레인	3레인	4레인	5레인	6레인	7레인	8레인
순위	7위	5위	3위	1위	2위	4위	6위	8위

22 경영에 대하여 설명하시오.

정답분석 자유형, 배영, 평영, 접영 영법으로 나눠지며 종목으로는 개인혼영, 혼계영, 계영이 있다.

23 오픈워터에 대하여 설명하시오. ★

정답분석
- 바다와 강, 호수 등 자연의 물속에서 행해지는 장거리 수영 경기이다.
- 날씨와 갯벌 생물 등의 외부에서 다양한 영향을 쉽게 받기 때문에 빨리 수영하는 기술뿐만 아니라 자연 속에서 수영하기 위한 지식과 경험이 요구된다.
- 야외에서의 레크리에이션으로서 일반 사람들 중에 애호가가 늘고 있는 스포츠이다.
- 오픈워터의 종목은 남녀 모두 5km, 10km, 25km가 있고, 1팀 릴레이는 5km이다.

24 수영 지도 시 가장 중요한 것은? ★★ [빈출]

정답분석
- 지도자로서 수영에서 가장 중요시해야 할 것은 안전이다.
- 수영 지도 시 가장 중요한 것은 대상자로부터 물에 대한 공포심을 없애고 물에 대한 적응력과 뜨는 방법, 수영의 기본 영법을 지도하여야 하는 것이다.

25 운동 전 준비운동을 해야 하는 이유는? ★★ [빈출]

정답분석
준비운동을 하면 체온상승, 혈액순환, 체내 신진대사 활성화, 신체의 유연성과 관절 가동성 확대를 통해 운동 시 발생할 수 있는 부상을 예방할 수 있다.
- 체온상승, 혈액순환, 체내 신진대사를 높여 운동 시 발생할 수 있는 부상을 예방해준다.
- 준비운동은 앞으로 큰 자극이 가해질 것이라는 예비신호로서 격렬한 운동 시 발생할 수 있는 부상을 예방하고자 하는 것이다.
- 심장 손상의 위험성을 예방하며 관절이나 근육에 자극을 주어 젖산을 제거하고 본 운동에서 효과를 볼 수 있다.
- 체온을 올려 근육 온도를 높여 모세혈관 확장, 혈액순환 촉진, 부상 방지, 혈액순환을 도와 근육 기능향상, 호흡 기능 및 체내 신진대사 향상, 유연성 부여, 관절 가동범위 넓혀준다.

26 훈련방법 용어 '디센딩' 훈련방법에 대하여 설명하시오. ★★

정답분석
- 디센딩 훈련방법은 인터벌연습으로 휴식 없이 속도를 점점 증가시키는 훈련, 점진적 속도 강화 조절 훈련이다.
- 디센딩 훈련방법은 인터벌훈련의 한 방법으로 앞에 수행한 속도보다 다음 수행하는 속도를 수행할 때마다 점점 빠르게 진행하는 것이다.

구술 기출문제(2024~2018)

27 트레이닝의 종류에 대하여 설명하시오. ★★

정답분석 트레이닝은 리피티션, 인터벌, 컨티뉴티, 웨이트, 루트, 이미지 트레이닝 등이 있고 생활체육에서는 수영인에게 익숙한 인터벌 트레이닝, 루트 트레이닝, 이미지 트레이닝 등을 주로 활용한다.
1. 형식의 따른 트레이닝
   - 리피티션 트레이닝(Repeation Training)
   - 인터벌 트레이닝(Interval Training)
   - 컨티뉴티 트레이닝(Continuity Training)
2. 내용에 따른 트레이닝
   - 웨이트 트레이닝(Weight Training)
   - 아이소메트릭 트레이닝(Isometric Training)
   - 컴바이트 트레이닝(Combite Training)
   - 루트 트레이닝(Route Training)
   - 이미지 트레이닝(Image Training)

28 수영 초보자 지도방법에 대하여 설명하시오. ★ [빈출]

정답분석
- 물과 친해지기 - 호흡법 - 물에 뜨기 - 발차기 - 팔 동작 - 콤비네이션 순서이다.
- 연령, 성별, 나이, 배우는 목적에 따라 난이도와 강도를 조절하여 지도한다.

29 부력에 대하여 설명하시오. ★★★ [빈출]

정답분석
- 양성부력은 물체의 무게가 밀어낸 물보다 가벼워 물에 뜨는 것이다.
- 중성부력은 물체의 무게가 밀어낸 물과 같아 물위에 뜨지도 가라앉지도 않는 것이다.
- 음성부력은 물체의 무게가 밀어낸 물보다 무거워 물에 가라앉는 것이다.

30 저항에 대하여 설명하시오.   [빈출]

- 전면저항은 몸이 앞으로 나아가는 움직임에 의해 몸의 전면에서 물결이 발생하면서 생기는 저항이다.
- 마찰저항은 수중에서 인체의 표면에 작용하는 저항으로 몸의 굴곡상태, 피부의 마찰, 수영복, 머리카락 등 신체와 물분자간의 마찰로 생기는 저항이다.
- 견인저항은 수영을 할 때 정반대로 몸의 후방에서 생기는 소용돌이 모양의 저항으로 물의 역류에 의해 끌어 당겨지는 느낌의 저항이다.
- 형태저항은 수영을 할 때 몸의 형태가 변하면서 발생하는 저항으로 유선형을 유지하지 않으면 저항이 증가된다.

31 수영장 내에서의 안전사고를 미연에 방지하기 위해서 어떠한 교육을 시켜야 할지 설명하시오.   [빈출]

- 수영장 시설 이용 시 주의사항 및 안전교육(수영장 시설이용 시 안전수칙)
- 깊은 수심에서의 익사로 인한 안전교육
- 낮은 수심에서 스타트(다이빙)로 인한 경추손상 안전교육
- 수영장 내에서 뛰다가 뇌진탕 등의 사고 주의 안전교육 등을 실시하여야 한다.

32 '월드 아쿠아틱스(World Aquatics)'에 대하여 설명하시오.   [빈출]

국제수영연맹이 'FINA'에서 '월드 아쿠아틱스(World Aquatics)'로 명칭을 개칭하였다. FINA는 지난 2022년 12월 12일 호주 멜버른에서 임시총회를 열고 2023년 1월 1일부로 모든 수상 스포츠를 의미하는 아쿠아틱스를 정식 명칭에 적용하기로 했다. 이에 따라 1908년 창립 당시 프랑스어로 붙여진 FINA(Federation International de Natation)는 115년 만에 새로운 브랜드로 바뀌게 됐다. 경영, 다이빙, 하이다이빙, 아티스틱 스위밍, 수구, 바다수영(Open Water Swimming) 등 6개 수영 종목을 주관하는 국제 경기단체이다.

구술 기출문제(2024~2018)

33 국제공인 수영장 규격에 대하여 설명하시오. ★★★ [빈출]

길이 50m, 폭 25m, 깊이 2~3m이며, 총 8레인 이상으로 레인 폭 2.5m, 1~8레인 밖으로 0.5m 간격을 유지해야 한다.

34 경영 심판장의 역할에 대하여 설명하시오. ★★★ [빈출]

- 선수 및 심판들에 대한 모든 통제권을 가진다.
- 경기 규칙과 대회운영의 모든 사항을 최종 결정한다.
- 경기 심판을 임명하고 총원 및 교체를 명할 수 있다.

35 영법 심판의 위치와 심판 방법에 대하여 설명하시오. ★★★ [빈출]

- 스타트하여 15m 이후부터 턴 하고 나온 후를 관찰한다.
- 가급적 선수들과 함께 걸으면서 부정한 동작을 심판한다.
- 선수가 스타트 후 머리가 15m 이후에 나오는지를 확인한다.
- 양쪽 풀 끝에 각 2명씩 위치한다.

36 반환심판의 위치와 심판방법에 대하여 설명하시오. ★★★

- 각 풀의 양 끝 모든 레인에 배치한다.
- 터치 및 마지막 팔 젓기 규칙 유·무를 확인한다.
- 800m, 1500m 때 바퀴 수 랩 카드를 전시하고, 마지막 왕복거리 5m를 남겨두고 종, 호루라기로 신호를 준다.
- 반환심판원은 각 레인의 풀 양 끝에 한명씩 배치되어 선수들이 출발 직후와 턴 직후, 도착 시에 규정을 잘 준수하는지 분명하게 확인한다.

37 착순심판의 위치와 심판방법에 대하여 설명하시오.

정답분석
- 종료 라인을 잘 볼 수 있는 지점과 일직선상의 높은 곳에 위치한다.
- 종료 후 선수들의 등위를 결정 및 보고한다.
- 경기의 도착순위를 판정하는 심판으로 자동기록장치가 있는 경우에는 필수사항이 아니다.

38 계시심판의 역할에 대하여 설명하시오.

정답분석
- 배정된 선수의 1/100초까지 기록, 시간을 카드에 적어 주임에게 전달한다.
- 경기기록을 측정하는 심판, 국내 대회의 경우 반환심판의 역할까지 겸임한다.
- 자동기록장치의 기록이 계시심의 기록보다 우선하여 인정한다.

39 소집심판의 역할에 대하여 설명하시오.

정답분석
- 각 경기가 시작되기 전, 선수를 소집한다.
- 선수들이 광고 관련 위반사항이 있는지 여부, 규정된 수영복 착용 여부를 확인하여 위반사항 발견 시 심판장에게 보고한다.

40 심판 자격을 취득하기 위한 자격 기준에 대하여 설명하시오. [빈출]

정답분석
심판 자격을 취득한 후 2년이 경과하고 시도대회(또는 전국대회)에 3회 이상 심판으로 활동한 자로서, 16시간의 2급 심판 이론 과정을 수료하고 전국대회에 16시간 이상 실습 과정을 이수한 자여야 한다.

구술 기출문제(2024~2018)

41 배영 시 실격 사유와 새로운 개정안에 대하여 설명하시오. [빈출]

- 실격 사유
  - 경기 종료 전에 신체 일부가 벽에 닿지 않은 상태에서 누워 있는 배영의 자세가 흐트러질 경우 실격된다.
  - 과도한 회전으로 등이 보일 경우 실격된다.
  - 잠영 후, 양 손으로 물을 스트로크하면 실격된다.
  - 배영 턴 시 엎드린 상태에서 한 번의 스트로크만을 허용하며, 팔젓기가 끝난 후에의 킥은 금지한다.
  - 스타트 준비 시 수면 위로 발의 전체가 나오면 안 된다.
- 피니시 5m 전부터 잠영을 허용한다고 개정되었다(2023. 2월부터 시행됨).

42 수영대회시 실격규정에 대하여 설명하시오.

- 출발 신호 전 몸을 움직이는 경우
- 15m 이상 잠영하는 경우
- 배영 턴 시 스트로크나 킥을 하는 경우
- 수영 중 걷거나 로프를 잡는 경우
- 정해진 영법으로 헤엄치지 않는 경우

43 전신수영복이 금지된 이유에 대하여 설명하시오.

- 국제수영연맹은 복합 인조소재로 제조된 전신 수영복의 착용을 금지하며 수영복 재질을 제한하였다.
- 여자 선수는 어깨부터 무릎까지로, 남자 선수는 무릎까지 내려오는 하의 수영복만 입도록 하였다.
- 첨단 전신수영복 착용을 금지한 이유는 수영선수들이 첨단수영복에 의해 개인의 역량 이상으로 기록을 달성하는 경향이 생기며, 세계신기록이 잇따라 속출했기 때문에 내린 조치였다.

44 개인혼영에 대하여 설명하시오. ★★ [빈출]

정답분석
- 개인혼영은 한 명의 선수가 접영, 배영, 평영, 자유형 순서대로 각 종목당 4분의 1씩 역영한다.
- 대회 종목은 200m(50m씩)와 400m(100m씩)가 있다.

45 접영의 입수 동작부터 되돌리기 동작까지 설명하시오. ★★★ [빈출]

정답분석
- 엔트리(입수 동작)
- 푸시(물을 누르는 동작)
- 캐치(물 잡기 동작)
- 스커링 풀(물을 잡아당기기)
- 피니시(물 밀어내기)
- 리커버리(팔 되돌리기)

46 경영 개인종목과 단체종목에 대하여 설명하시오. ★★

정답분석
- 경영 종목은 개인과 단체로 나누어져 있다.
- 개인 종목은 자유형, 배영, 평영, 접영 개인혼영으로 나눈다.
- 단체 종목은 계영, 혼계영, 혼성계영, 혼성혼계영으로 나눈다.

구술 기출문제(2024~2018)

47 수영의 생리학적 에너지 대사과정 중에서 수영에 필요한 에너지원 3가지가 무엇인지 설명하시오. ★★

[빈출]

정답분석
- 탄수화물은 탄소, 수소, 산소로 구성되며 가장 빠르게 에너지를 제공한다.
- 지방은 탄수화물 같은 화학적 요소를 포함하지만 산소에 대한 탄소의 비율이 탄수화물보다 크다.
- 단백질은 아미노산이라고 불리는 작은 하위단위로 구성한다.

48 롤 오버턴(Roll over turn) 방법에 대하여 설명하시오. ★

[빈출]

정답분석
롤 오버턴은 배영으로 가다가 턴 벽 앞에서 엎드린 자세로 플립턴을 하여 배면자세로 나아가는 턴 기술이다.

49 하이폭식 트레이닝(hypoxic training) 방법에 대하여 설명하시오. ★

[빈출]

정답분석
호흡 횟수를 감소하여 체내에 들어가는 산소의 절대량이 부족하고 산소 부채량은 증대시키는 운동이다. 예를 들면 3번, 5번, 7번에 한 번씩 호흡을 줄여 반복하여 심폐기능을 증대시키는 것이다.

50 인터벌 트레이닝에 대하여 설명하시오. ★

정답분석
- 거리, 횟수, 시간의 변화를 주어 높은 강도의 운동 사이에 불완전 휴식을 갖는 지구력 및 속도 훈련이다.
- 일정한 휴식 기간을 두고 하는 운동으로 운동과 운동 사이 신체가 회복되기 전에 다시 부하를 주는 근지구력 강화 훈련이다.

51 추진력을 낼 수 있는 방법에 대하여 설명하시오. [빈출]

정답분석
- 손으로 풀 동작을 하면 가장 많은 추진력을 낼 수 있다.
- 다리의 킥을 이용하여 추진력을 낼 수 있다.
- 평영, 접영 시 유선형 자세를 잡아 저항을 줄이며 추진력을 낼 수 있다.
- 자유형, 배영 시 몸을 좌우로 돌리는 롤링을 하여 저항을 줄여줌으로써 추진력을 낼 수 있다.

52 물의 비중에 대하여 설명하시오.

정답분석
- 어떠한 물체의 무게와 이와 같은 부피를 가진 물 무게와의 비율을 말하며 물의 비중은 1.0이다.
- 신체의 비중이 1.0보다 작으면 몸이 뜬다.
- 바닷물의 비중은 1.3 정도 되기 때문에 민물보다는 바닷물에서 더 잘 뜬다.

53 탈수의 생리적인 영향을 3가지 이상 말해보시오.

정답분석
- 운동능력감소
- 체온조절능력상실
- 무기력
- 혈압저하 등

구술 기출문제(2024~2018)

54 수영의 이점에 대하여 4가지 이상 설명하시오. ★★

- 신체 건강에 주는 이점
  - 심혈관 건강에 긍정적인 영향을 미친다.
  - 수영은 관절에 무리가 가지 않는 운동으로 관절염이나 관절 통증이 있는 사람들에게 좋은 선택이다.
  - 체중을 조절하고 감량하는 효과적인 방법이다.
  - 힘과 유연성을 향상시켜 준다.
  - 물속에서는 부하가 적어 재활 운동에 효과적이다.
- 정신건강에 주는 이점
  - 스트레스와 불안감을 감소시켜 준다.
  - 기분과 자존감을 향상시켜 줄 수 있다.

55 배영 엔트리부터 순서대로 설명하시오. ★★★

- 엔트리(입수동작)
- 다운스윕(물을 누르는 동작)
- 캐치(물잡기 동작)
- 풀(물을 잡아당기기)
- 피니시(물 밀어내기)
- 리커버리(팔 되돌리기)

56 배영반환 깃발 규정에 대하여 설명하시오. ★★

벽으로부터 5m 지점에 깃발을 설치하여 표시한다.

57 평영에 대한 특징과 종목에 대하여 설명하시오.

정답분석 평영은 얼굴을 수면 위에 내어 놓은 채 수영하는 일반적 수영법과, 호흡 시 이외에는 머리를 물에 대고 스피드를 내는 것을 주로 하는 경기력 수영법으로 분류된다. 전자는 팔과 다리를 비교적 넓게 벌려 몸을 뜨게 하고 후자는 팔과 다리를 함께 비교적 좁게 모아 피치를 올려 스피드를 내는 것을 주로 한다.

58 접영의 영법 및 종목에 대하여 설명하시오.

정답분석 접영은 전신을 뻗어서 수면에 엎드려 크롤과 같이 팔과 다리 동작을 좌우 동시에 함. 물에 상하진동을 가해 한 번 젓고 한 번 찰 때마다 생기는 강한 추진력으로 전진하는 영법으로, 크롤 다음으로 스피드영법이다.

59 물을 무서워하는 강습자를 지도하는 방법에 대해 설명하시오.

정답분석
- 물 적응: 물의 동작 원리와 수영 기술을 배우고 이해하는 것은 물에 대한 무서움을 줄이는 데 도움이 된다.
- 안전한 환경 조성: 얕은 물이나 안전한 수영장, 감독자가 있는 수영 교실 등 안전한 장소에서 수영을 시작함으로써 자신의 안전을 보장하고 물에 대한 불안감을 줄여준다.
- 천천히 적응시키기: 물에 대한 두려움을 극복하기 위해서는 천천히 적응해 나가는 것이 중요하다. 시작할 때는 물을 가볍게 만지는 것부터 시작하여 점진적으로 몸을 물속에 담그고 차근차근 물에 익숙해지도록 한다. 숨을 쉴 수 있는 곳에서 물에 머리를 잠시 담그는 연습을 하거나 물 위에서 부력을 유지하는 방법을 알려준다.
- 호흡 연습: 호흡 연습을 통해 물에 잠겨도 차분하게 호흡을 유지할 수 있도록 연습시킨다.
- 긍정적인 마인드셋 유지: 물에 대한 두려움을 극복하기 위해서는 긍정적인 마인드셋을 유지하는 것이 중요하다. 스스로에게 자신이 물과 함께 움직일 수 있는 능력이 있다고 믿음을 주며, 어려움을 극복할 수 있다는 자신감을 심어준다.
- 서서히 한계를 넓혀가기: 물에 대한 무서움을 극복하고 자신감을 키우기 위해서는 서서히 한계를 넓혀가는 것이 중요하다. 천천히 깊은 물로 이동하거나 수영 기술을 발전시켜 복잡한 동작을 시도해 본다.

구술 기출문제 (2024~2018)

60. 수영의 특성에 대하여 설명하시오.

정답분석
- 물에서 행하는 운동으로 부하가 적다.
- 전신운동이다.
- 유산소운동으로 심폐기능과 지구력이 향상된다.

61. 전습법과 분습법에 대하여 설명하시오.

정답분석
- 전습법은 부분동작을 하나로 합쳐서 연습하는 것이다.
- 분습법은 운동기술을 부분동작으로 연습하는 것이다.

62. 트러젠 영법에 대하여 설명하시오.

정답분석
- 머리를 들고 하는 수영 영법 중 하나이며, 먼 거리에 있는 수난자를 빠르게 구하기 위해서 강이나 바다에서 구조자가 접근하는 방법이다.
- 먼 거리를 빠르게 이동할 수 있고 수난자에게 접근할 때 시야 확보가 쉬운 것이 장점이다.
- 크롤 팔 동작을 사용하며 발차기는 실내 수영장의 경우 평영킥, 야외의 경우는 크롤킥을 구사한다.

63. 수영의 정의에 대하여 설명하시오.

정답분석
손과 발을 사용하여 물 위나 물속을 자유롭게 이동 또는 정지하는 운동이다. 즉 헤엄치는 것을 말하며, 현대인들의 생활체육에 적합하고 남녀노소 누구나 즐길 수 있으며 스포츠 종목 중에서 비교적 운동으로서의 숙달 방법이 단순한 편이다. 전신 운동이고, 큰 호흡운동을 요구하기 때문에 근육이나 심폐의 발달에 좋으며 여름철의 레크리에이션으로 좋다.

64 단체전 종목 중 물속에서 출발하는 종목은? ★

정답분석 단체전 종목 혼계영에서 배영이 첫 시작종목으로 물속에서 출발한다.

65 수영이 처음 정식종목으로 채택된 올림픽에 대하여 설명하시오. ★★♪

정답분석 1896년 아테네 올림픽부터 수영 종목이 정식으로 채택되었다.

66 자유형에 대하여 2가지 이상 설명하시오. ★★

정답분석 자유롭게 진행해도 되는 종목이지만, 우리가 흔히 아는 종목은 크롤 영법으로 양팔과 양다리를 교차하며 진행하며 4종목 중 속도가 가장 빠르다는 특징을 가지고 있다.

67 세계수영선수권 대회 배영 종목에 대하여 설명하시오. ★★

정답분석 세계선수권 대회에서 배영 종목으로는 50m, 100m, 200m 로 총 3가지 종목으로 이루어져 있다.

구술 기출문제 (2024~2018)

68 초보자에게 배영 발차기 지도법에 대하여 설명하시오.

정답분석
- 올바른 유선형 자세를 잡으며 누워서 수평뜨기 방법을 먼저 진행한다.
- 자유형 발차기를 차듯이 양발을 교차하며 발차기 차는 방법을 가르친다.
- 부력이 좋지 않아 가라앉으시는 분들은 차렷자세에서 킥판을 잡고 진행하면 조금 수월하게 진행 할 수 있다.

69 급수에 따른 심판 취득 요건에 대하여 설명하시오.

정답분석
- 경영 심판은 3급, 2급, 1급으로 나눠져 있다.
- 3급 심판 취득 요건으로는 16시간의 이론수업과 필기시험을 치른 이후 필기 합격자 대상으로 도, 시,군,구 대회에서 8시간 심판 실습 수료가 있다.
- 2급 심판 취득 요건으로는 3급 취득 이후 2년 경과, 3회 이상 심판 활동과 16시간의 교육, 16시간의 실습 이수가 있다.
- 2급 취득 후 3년 경과, 5회 이상의 심판 활동, 16시간 교육이수 및 심판 양성교육 이수 시 1급으로 승급이 가능하다.

70 심판 보수 교육에 대하여 설명하시오.

정답분석
- 심판 자격증 취득자 중 강의를 통해 하루 동안 총 8시간의 보수교육을 수료한 자만 앞으로 연맹에서 주최하는 2024년도 전국 규모대회에 심판으로 활동할 수 있다.
- 보수교육을 통해 심판 능력 함양 및 역량 강화와 전문적이고 체계적인 심판문화를 정착시키기 위함이다.

71 유선형 자세를 취해야 하는 이유는? ★

정답분석
유선형 자세는 수영을 하기위한 가장 기초적인 자세로, 저항을 최소화 시켜주며 코어를 잘 잡아줄 수 있는 동작이므로 수영 시 취해야하는 필수 동작 중 하나이다.

72 롤링에 대하여 설명하시오. ★

정답분석
- 몸의 중심축에서 몸을 좌우로 회전하는 동작으로, 자유형과 배영 시 수영을 조금 더 편하고 효율적으로 할 수 있도록 도와주는 동작이다.
- 롤링을 하면 저항이 줄어든다.
- 롤링시 팔을 멀리 뻗어냄으로서 팔의 길이가 길어져 더 많은 물을 밀어 낼 수 있다.
- 자유형 호흡시 몸통이 열리기 때문에 편안하게 호흡을 할 수 있다.

73 자유형 스타트 후 잠영에 대하여 설명하시오. ★

정답분석
스타트 이후 유선형 자세를 잡은 상태로 접영 발차기를 차면서 진행하며 잠영 허용 거리 기준은 15m까지이다.

구술 기출문제 (2024~2018)

74 경영 단체종목 중 스타드대 출발하는 종목은? ★

정답분석 계영 종목에서는 4명의 팀원이 자유형으로 진행하기 때문에 스타트대 출발로 진행된다.

75 고대 벽화를 통해서 알 수 있는 수영의 흔적

정답분석
- 고대 이집트, 그리스, 로마에서 수영은 중요한 생존 기술이자 오락, 군사 훈련의 일부 활동으로 여겨졌다.
- 고대 로마에서는 목욕 문화와 함께 수영이 중요한 사회 활동으로 자리 잡았다.
- 19세기 이후 산업화와 더불어 스포츠로 부활하였다.

76 수영에서 추진력을 얻을 수 있는 방법에 대하여 설명하시오.

정답분석
- 발차기로 추진력을 얻을 수 있다.
- 팔돌리기를 돌려 추진력을 발생시킬 수 있다.
- 유선형 자세를 잡아 저항을 최소로 하여 추진력을 얻을 수 있다.
- 스타트 다이브와 돌핀킥으로 추진력을 얻을 수 있다.
- 플립턴을 하고 벽을 차는 힘으로 추진력을 얻을 수 있다.

77. 접영 턴 규정과 피니쉬 규정 접영턴 종류와 접영 실격사유에 대하여 설명하시오.

정답분석
- 접영은 양팔을 함께 돌려 진행하는 종목이기 때문에 턴과 터치 시 양손을 벽에 동시에 터치하며 턴, 터치를 진행하여야 한다.
- 턴과 터치 시 양손이 포개지면 실격 사유가 된다.
- 양팔은 동시에 돌려야 하며 양다리는 모아져 있는 상태로 동시에 차야 한다.
- 돌핀킥 이후 머리 기준으로 15m 라인을 넘어가면 실격이다.
- 접영턴은 오픈 사이드 턴으로 진행한다.

78. 배영 반환로프 높이는?

정답분석
수심으로부터 1.8m 높이에 있다.

79. 잠영구간과 신체부위에 대하여 설명하시오.

정답분석
- 접영, 배영, 자유형 3종목의 잠영 허용 거리는 15m이며 머리기준이다.
- 평영은 스트로크와 발차기의 제한이 있기 때문에 잠영의 허용거리가 없다.

80. 평영의 웨지킥에 대해 설명하시오.

정답분석
평영킥은 윕킥과 웨지킥으로 2가지 방법이 있는데, 웨지킥은 발목의 위치보다 무릎을 넓게 벌려 킥을 차는 동작으로 다리를 접어 올릴 때 물의 저항이 크다. 물을 뒤편으로 차지 않고 바깥쪽으로 차는 동작으로 추진력의 효율적 면에서는 비효율적인 동작이다. 그러나 골반이 대체적으로 뻣뻣하신 분들은 윕킥의 동작이 나오지 않아 웨지킥을 구사하기도 한다.

구술 기출문제 (2024~2018)

81 학교수영 지도 시 유의할 점에 대하여 설명하시오. (유소년)

정답분석
- 수영장 시설 및 지도 용기구에 이상 없는지 확인한다.
- 안전수칙 및 대피 관련 안내 표지가 적절한지 확인한다.
- 응급 상황 발생 시 신속하게 대처할 수 있도록 대응 시스템을 준비한다.
- 안전요원의 배치 여부를 확인한다.

82 유소년 호흡지도 방법에 대하여 2가지 이상 설명하시오. (유소년)

정답분석
- 지상 훈련 : 코에 손을 대고 호흡에 대해 이해시킨다.
- 수상 훈련 : 빨대를 이용하거나 짝을 이루어 한명씩 물에 들어갔다가 올라왔다가를 반복하며 호흡을 이해시킨다.

83 유아수영 지도방법에 대하여 설명하시오. (유소년)   [빈출]

정답분석
- 생후 1년부터 만 6세 이하의 아이로 집중력이 떨어지므로 안전을 최우선으로 지도해야 한다.
- 가장 먼저 물에 대한 공포심, 두려움을 없애주고 흥미를 주기 위해 강습과 놀이를 병행하여 지도해야 한다.
- 수업의 내용면에서 물 적응하기, 물놀이, 흥미 유발을 위한 게임, 영법지도의 순서로 지도해야 한다.

84 유아수영 시 효과 3가지에 대하여 설명하시오. (유소년) ★★

- 어린이들에게 수영은 즐겁고 유익한 활동이 될 수 있다.
- 관절에 무리가 가지 않는 운동 형태로, 성장 중인 아이들에게 안전한 활동이 될 수 있다.
- 아이들이 힘과 심혈관 지구력을 기르는 데 도움을 줄 수 있고, 학업 성적을 향상할 수도 있다.
- 아이들이 사회로부터 적응하며 자신감을 발달시키는 데 도움을 주는 재미있고 사회적인 활동이 될 수 있다.

85 제세동기 사용 방법에 대하여 설명하시오. (유소년, 노인) ★★

- 전원을 켠다.
- 안내에 따라 대상자에게 두개의 패드를 부착한다.
- 패드1은 오른쪽 쇄골뼈 바로 밑에 패드2는 왼쪽 젖꼭지 아래와 중간 겨드랑이 선에 부착한다.
- 패드를 붙이고 나면 제세동기가 심장리듬분석 후 대상자에게 손을 떼라는 멘트가 나온다.
- 심장리듬이 0으로 판명되면 번개모양이 있는 버튼을 눌러 제세동을 실시해 준다.

구술 기출문제(2024~2018)

86 자유형과 배영턴에 대해서 아는대로 설명하시오. (노인)

정답분석
- 자유형은 플립턴으로 진행되며 몸을 앞으로 말며 구르듯이 돌아 벽을 차고 나간다.
- 배영은 롤오버 턴으로 진행되며, 벽과의 5m 거리 지점의 깃발에서부터 거리를 맞춰 마지막 스트로크에 엎드려 플립턴과 같은 방법으로 돌아 누워 나간다.
- 플립턴과 롤오버턴이 어려우면 자유형은 사이드 턴으로, 배영은 누워서 터치이후 사이드 턴으로 누워서 나가도 무방하다.

87 노인 체육활동이 주는 신체적 이점에 대해 설명하시오. (노인)

정답분석
신체 건강 증진
- 심혈관 건강: 운동은 심장과 혈관을 강화시켜 주고, 혈압을 조절하는 데 필요하다.
- 체중 관리: 적절한 운동은 체중을 조절하는 데 도움이 되며, 비만 관련 질환을 예방한다.
- 당뇨병 예방: 규칙적인 신체 활동은 인슐린 민감도를 개선해 당뇨병 예방에 효과적이다.

88 노인의 정의에 대해 설명하시오. (노인)

정답분석
나이가 증가함에 따라 생체의 형태적, 기능적인 불가역 퇴행성 변화가 자·타각적으로 나타난, 또는 나타나고 있는 사람을 뜻하며 이러한 변화에는 개인차가 나므로 나이로 정의하는 것은 곤란하지만, 대체로 65세 이상을 가리킨다.

89 노인의 외관적 변화 3가지에 대해 설명하시오. (노인)

정답분석
- 신장의 변화로, 키가 줄어든다.
- 근육량이 감소한다.
- 주름이 생기며 피부가 처진다.
- 손톱이 두꺼워진다.
- 멜라닌 세포의 수가 떨어진다 (백발화)

90 노인지도사의 자질을 2개 이상 설명하시오. (노인)

정답분석
- 책임감 : 신체활동의 지침을 따르고 응급처치, 안전메뉴얼을 수시로 체크한다.
- 지지하는 태도 : 참가자와의 적절한 대화를 통해 긍정적인 면을 강조하여 지지함을 표현한다.
- 관심 참가자에게 진심을 담아 배려와 관심을 표한다.

91 노인운동의 빈도에 대하여 설명하시오. (노인)

정답분석
개인의 역량에 따라 달라지며 중간도 및 고강도로 구분하여 진행. 일반적으로 주 3~5일, 각 세션당 30분 이상의 중강도 또는 주 20분 이상의 고강도 운동을 권장한다. 주당 2일은 근력 강화 운동을 포함해야 한다.
- 중강도 운동: 호흡이 약간 거칠어지지만, 대화는 가능하다. 예 빠른 걷기, 가벼운 자전거 타기
- 고강도 운동: 숨이 차서 대화가 어렵다. 예 달리기, 단거리 수영

구술 기출문제 (2024~2018)

92 노인체육의 목표에 대하여 설명하시오. (노인)

정답분석
- 건강증진
- 질병 예방
- 신체 정신적 자신감 증진
- 사회적 접촉과 사귐의 기회 증진
- 사기와 생활 만족감 증진

93 노인 강습 지도시 가장 먼저 해야 할 것은? (노인)

정답분석
- 항상 안전을 최우선으로 한다.
- 강습자의 질환의 유무를 확인한다.
- 속도를 강조하기보다는 바른 자세를 지도하며 건강 증진을 최우선으로 힘쓴다.

94 수영이 노인에게 미치는 영향은? (노인)

정답분석
- 체중조절에 기여한다.
- 연골, 인대, 근육을 강화시켜 준다. (퇴행성 관절염 예방)
- 정신적 스트레스를 해소시켜 준다.
- 수면장애 극복에 도움을 준다. (멜라토닌 증가)

95 노인이 익사 사고가 일어날 가능성이 있는 장소는? (노인)

정답분석 수영장, 계곡, 바다, 강 이뿐만 아니라 어느 장소에서나 익사 사고는 일어날 수 있다.

96 노인 지도시 주의할 점은? (노인)

정답분석
- 노인의 신체상태를 점검한다.
- 추운 날씨에는 준비운동을 평소보다 오래 한다.
- 고령자나 고혈압 환자는 기온이 상승하면 운동을 시작한다.
- 운동 후 반드시 정리운동을 하여 체내 축적된 젖산을 제거한다.
- 움직임이 복잡하고 불규칙한 운동은 삼간다.
- 강한 충격이 가해지는 운동은 뼈 또는 근육에 무리를 줄 수 있으므로 삼간다.

97 노인의 영양섭취에 대하여 설명하시오. (노인)

정답분석 적정한 수준의 에너지를 섭취하고 적당한 활동으로 에너지를 소모하여 에너지 균형을 맞추는 것이 중요하다.
- 비타민과 무기질 영양상태가 높은 식사
- 식물성 식품이 풍부하게 함유된 식사
- 고식이섬유가 함유된 음식
- 골밀도를 유지하기 위한 충분한 칼슘 섭취
- 노인의 경우 많은 단백질 섭취는 간이나 신장에 부담을 줄 수 있으나 지속적인 운동을 하는 경우 일반인과 같은양의 단백질을 섭취

구술 기출문제 (2024~2018)

98. 노인수영 지도 방법 3가지에 대하여 설명하시오. (노인)

정답분석
- 노인의 특성을 잘 이해 해야 한다.
- 운동이 미치는 긍정적인 효과를 각 이론 및 모델에 적용시킨다.
- 노인운동 참여자들의 동기를 유발하고 독려해준다.

99. 노인에게 크롤 영법 지도하는 방법에 대하여 설명하시오. (노인)

정답분석
- 물에 적응하기: 항상 안전을 최우선으로 한다.
- 호흡하기
- 발차기: 관절에 무리가 가지 않는 선에서 진행한다.
- 팔돌리기: 어깨관절 상태를 신경 쓰면서 진행한다.
- 콤비네이션

100. 자폐성장애란? (장애인)

정답분석
사회적 상호작용과 의사소통의 결함, 제한적, 반복적 관심과 활동을 보이는 장애를 말한다.

101 회백수염이란? (장애인) ★★

정답분석 내장이나 위에 바이러스가 혈류로 침투해 뇌 또는 세포에 영구적 마비를 가져오는 증상이다.

102 특수체육 지도자가 갖추어야 할 네 가지에 대하여 설명하시오. (장애인) ★★★

정답분석
- 장애 및 특수 신체 조건에 대한 이해
- 효과적인 의사소통 능력
- 개인별 성장 속도 존중
- 긍정적인 피드백과 존중하는 태도

103 특수체육 지도자의 역할에 대하여 설명하시오. (장애인) ★★★

정답분석
- 신체 기능 향상 운동
- 운동 동기 부여 및 심리적 지원
- 안전 관리 및 응급 대응
- 다양한 맞춤형 운동 지도 프로그램 개발

구술 기출문제 (2024~2018)

104 특수체육 운동지도의 목표에 대하여 설명하시오. (장애인) ★★

정답분석
- 정상화
- 주류화
- 최소한제한환경
- 통합교육

105 장애인 체육 운동지도방법에 대하여 설명하시오. (장애인) ★★

정답분석
- 기구 변형
- 환경 변형
- 규칙 변형
- 교수법 변형

106 시각 장애인 운동 지도 시 주의사항에 대하여 설명하시오. (장애인) ★★★

정답분석
- 비장애인 보다 체력 수준이 낮기 때문에 천천히 지도한다.
- 원활한 신체 활동을 위해 눈을 보호할 수 있는 장비를 사용하고 곁에서 도움을 준다.
- 언어지도->촉각 탐색->직접 지도 순서대로 진행한다.

107 청각 장애인 운동지도방법에 대하여 설명하시오. (장애인)

정답분석
- 청각 장애인이 지도자의 눈과 입을 볼 수 있도록 위치한다.
- 시각적 설명을 적극 활용한다.
- 수화로 청각 장애인의 의사소통 능력을 확인한다.
- 설명 또는 시범 시에 등지지 않도록 한다.

108 장애인 근감소증 원인에 대하여 설명하시오. (장애인)

정답분석
- 신체 활동 부족
- 영양 부족(칼로리, 단백질)
- 신경 호르몬 변화
- 만성 질환
- 염증

109 장애인의 운동 부족으로 인한 심리적 변화에 대하여 설명하시오. (장애인)

정답분석
- 우울감, 무기력 : 세로토닌, 도파민 분비 저하로 인해 기분 저하, 고립감과 외로움 증가
- 스트레스, 불안감 : 자율신경계 균형이 깨져 스트레스 증가 및 미래에 대한 불안감 증가
- 자존감 저하 : 자기 이미지 부정적 인식, 학습된 무기력
- 집중력 저하 : 운동 부족은 뇌 혈류 감소로 기억력, 사고력 저하
- 인지 기능 약화 : 활동이 줄어들면서 일상생활 동기 그리고 목표 사고 약화

구술 기출문제(2024~2018)

110 지적장애인선수 지도 시 고려사항에 대하여 설명하시오. (장애인)

정답분석
- 인내하고 일관성을 가져야한다.
- 선수에 현 상태에 따라 적절한 트레이닝의 양과 요구사항을 조절한다.
- 간단하고 짧은 언어를 사용한다.

111 ADHD 장애아동 수영 지도법에 대하여 설명하시오. (장애인)

정답분석
- 안전 주의
- 게임과 놀이
- 즉각적 피드백과 격려, 명확한 지시

pass.Hackers.com

해커스자격증
pass.Hackers.com

해커스 **스포츠지도사 수영** 실기+구술 초단기 5일 합격

부록

수영 전문 용어

부록 수영 전문 용어

ALL OUT(올아웃): 대회 때처럼 하는 강도로, 주로 마지막 1개나 스타트 다이브 시 함

Back dolphin(백돌핀): 누워서 돌핀킥

Back ward(백워드): 거꾸로 하다의 의미로, 주로 개인혼영 시 사용됨(자유형 - 배영 - 평영 - 접영 순으로 하는 것)

Back stroke(백 스트로크): 배영

Beat(비트): 주로 발차기를 표현할 때 말하며 2비트, 4비트, 6비트로 되어 있음. 기준은 자유형, 배영 시 왕복 팔 한번 돌리는 기준에 맞춤

Break-out(브레이크 아웃): 스타트 후 돌핀을 차고 수영으로 연결시켜 올라오는 시점

Breast stroke(브레스트 스트로크): 평영

Broken(브로큰): 일정한 거리를 여러 부분으로 나눠 짧은 휴식을 가지며 반복하는 훈련

Butterfly stroke(버터플라이 스트로크): 접영 간략히 BF 혹은 FIY라고 사용

Center kick(센터 킥): 앞서 발차기

Choice im(초이스 아이엠): 100m 4개 기준으로 25m씩 ① 접영 - 배영 - 평영 - 자유형, ② 배영 - 평영 - 자유형 - 접영, ③ 평영 - 자유형 - 접영 - 배영, ④ 자유형 - 접영 - 배영 - 평영 순으로 하는 것

Cycle(싸이클): 한 개당 휴식시간 예 50m×8개 1분 싸이클 - 40초 도착 20초 쉬고 출발

Descending (디센딩): 1개당 점차적으로 강도를 올려 마지막엔 강도를 100%로 만드는 것으로, 기록이 1개마다 줄어야 됨 예 50m×4개 1-70%, 2-80%, 3-90%, 4-100%

Distance(디스턴스): 장거리

Dive, Start(다이브, 스타트): 위에서 출발하는 것

Dolphin kick(돌핀 킥): 유선형 자세로 접영킥을 차는 것으로, 주로 물 속에서 이루어짐(잠영)

Down(다운): 운동이 끝난 후 가볍게 열을 식히며 심박수를 내리는 것

DPS SWIM(디피에스 스윔): Distance Per Stroke의 약자로, 팔 돌리기 한 번당 나아가는 거리가 길게 갈 수 있도록 하는 것

Drill(드릴): 각 종목마다 길게 수영하여 자세를 잡는 연습을 하는 것

Easy(이지): 편안히 수영하며 숨을 고르는 것

EN1(이엔 원): 50~60% 강도, 맥박 140~150

EN2(이엔 투): 60~70% 강도, 맥박 150~160

EN3(이엔 쓰리): 70~80% 강도, 맥박 160~170

EVEN: 올 때(짝수)

Fin(핀): 오리발, 발에 신으며 발치기의 힘을 기르고 추진력을 올리는 데 도움을 주는 수영 용품

Fist swim(피스트 스윔): 주먹 쥐고 수영

Free style stroke(프리스타일): 자유형

Hyposic(하이폭식): 호흡 훈련방법 예 팔 돌리기 3번에 숨 한 번, 5번에 한 번, 7번에 9번까지 감

IM(아이엠): 개인혼영(individual medley)의 약자로 접영 - 배영 - 평영 - 자유형(접배평자)을 이어서 하는 것
Kick(킥): 발차기
Negative(네거티브): 전반보다 후반에 속도를 더 빠르게 하는 것 예 자유형 100m - 전반 50m 강도70, 후반 50m 강도100
No breathing(노 브레싱): 숨을 쉬지 않고 가는 것
ODD: 갈 때(홀수)
Paddel(패들): 손에 착용하며 물을 미는 힘을 기르는 데 도움을 주는 수영 용품
Pilamio(필라미오): 피라미드 모양처럼 거리를 나눠 점차 늘렸다가 줄이는 형식의 훈련 예 50m 100m 150m 200m 150m 100m 50m = 800m
Pitch(피치): 한 팔당 돌리는 횟수 예 6피치=오른팔, 왼팔을 번갈아 총 6번 돌린 것
Progressive(프로그레시브): 1개마다 강도를 점차적으로 올리는 것으로, 50m를 가는 동안 속도가 점점 빨라져야 함
Pull(풀): 부이를 끼고 팔 돌리기
Race pace(레이스 페이스): 목표의 시합기록을 구간으로 나누어 그 기록으로 다니는 연습 예 200m 시합 목표 기록 2분 - 50m×4개를 나누어 28, 31, 31, 30=2분 5초, 10초 레스트
Rest(레스트): 쉬는시간 예 100m×5개 5rest - 100m 1개당 휴식시간 5초 후 출발
Rolling(롤링): 팔을 돌릴 때 몸통이 물속, 물 밖으로 움직이는 것. 자유형과 배영에 쓰임
Rolling kick(롤링킥): 차렷 자세로 팔은 돌리지 않고 몸통을 돌려 차는 킥
Sculling(스컬링): 손만을 이용하여 물의 감을 익히는 훈련
Side kick(사이드 킥): 옆으로 발차기
Snorkel(스노클) : 호흡을 할 수 있게 도움을 주는 수영 용품
SP1(에스피 원): 스프린트식의 강도 80~90%, 맥박 170 이상
SP2(에스피 투): 90~95% 강도, 맥박 180 이상
SP3(에스피 쓰리): 95~100% 강도, 맥박 180 이상
Sprint(스프린트): 단거리
Stream line(스트림라인): 유선형 자세를 말하며, 모든 수영 시 항상 기본적으로 가지고 가야 될 자세
Stroke(스트로크): 중거리 운동 혹은 자기종목을 표현할 때에도 씀
Swiching(스위칭): 주어진 훈련을 50M, 100M 단위로 섞어서 시행하는 것 예 k.p.d 킥풀드릴 스위칭 300, 킥 100, 풀 100, 드릴 100
W-up(웜업): warm-up의 약자로, 운동 시작 전 가볍게 몸을 풀어 열을 내고 심박수를 올리는 것

해커스
스포츠지도사
수영 실기+구술
초단기 5일 합격

개정2판 1쇄 발행 2025년 4월 7일

지은이	이현이
펴낸곳	㈜챔프스터디
펴낸이	챔프스터디 출판팀
주소	서울특별시 서초구 강남대로61길 23 ㈜챔프스터디
고객센터	02-537-5000
교재 관련 문의	publishing@hackers.com
동영상강의	pass.Hackers.com
ISBN	979-11-7244-950-6 (13690)
Serial Number	02-01-01

저작권자 ⓒ 2025, 이현이
이 책의 모든 내용, 이미지, 디자인, 편집 형태는 저작권법에 의해 보호받고 있습니다.
서면에 의한 저자와 출판사의 허락 없이 내용의 일부 혹은 전부를 인용, 발췌하거나 복제, 배포할 수 없습니다.

자격증 교육 1위
해커스자격증
pass.Hackers.com

- 스포츠지도사 **전문 선생님의 본 교재 인강** (교재 내 할인쿠폰 수록)
- 스포츠지도사 **무료 특강, 최신 기출문제 등 다양한 추가 학습 콘텐츠**

* 주간동아 선정 2022 올해의 교육브랜드 파워 온·오프라인 자격증 부문 1위

쉽고 빠른 합격의 비결,
해커스자격증 전 교재 베스트셀러 시리즈

해커스 산업안전기사·산업기사 시리즈
해커스 전기기사
해커스 전기기능사

해커스 소방설비기사·산업기사 시리즈

[해커스 산업안전기사 필기 베스트셀러 1위] 교보문고 온라인 베스트 기술/공학 분야 1위 (2023.11.13, 온라인 주간베스트 기준)
[해커스 산업안전산업기사 필기 베스트셀러] 교보문고 온라인 베스트 기술/공학 분야 (2023.11.13, 온라인 주간베스트 기준)
[해커스 산업안전기사·산업기사 실기 베스트셀러 1위] 교보문고 온라인 일간 베스트셀러 기술/공학 분야 1위 (2023.02.22, 온라인 일간 집계 기준)
[해커스 소방설비기사/산업기사 필기 베스트셀러] YES24 수험서 자격증 베스트셀러 소방설비 분야 (2023.12.08 YES24 베스트셀러 기준)
[해커스 소방설비기사·산업기사 실기] YES24 수험서 자격증 부문 베스트셀러 소방설비 전기분야 (2023년 1월, 월별 베스트 기준),
YES24 수험서 자격증 베스트셀러 소방설비 기계분야 (2023년 7월 월별 베스트 기준)
[해커스 전기기사 베스트셀러 1위] 교보문고 국내도서 기술/공학 분야 1위 (2023.10.20, 온라인 주간베스트 기준)
[해커스 전기기능사 베스트셀러] YES24 수험서 자격증 베스트셀러 전기 기능사 분야 (2023.05.24, YES24 베스트셀러 기준)

자격증 합격의 모든 것, 해커스자격증 pass.Hackers.com